Antje von Stemm

GESCHENKE
basteln!

GERSTENBERG

Kreativ-Alarmstufe Rot!

Wir wollen nicht drum herumreden: Geschenkemeister Charlie Schenkowitz ist momentan nicht gerade in Bestform. Er hat tatsächlich schon mal frischere, genialere Geschenkideen gehabt. Damals, als alle noch bastelten und verschenkten, was er sich ausdachte – da war die Welt noch in Ordnung!

Doch wie es aussieht, sind diese Zeiten vorbei – er hat die Sache nicht mehr im Griff. Charlie Schenkowitz – ja eigentlich die ganze Welt – braucht professionelle Hilfe, am besten sofort! Und nach einem Blick in sein Adressbuch und ein wenig Internetrecherche weiß Charlie auch schon, an wen er sich wenden muss …

Liebe Geschenke-Experten,

sicherlich habt ihr es auch schon bemerkt: überall auf der Welt grassiert akuter Geschenk-Ideenmangel! Den Menschen gehen einfach die Geschenkideen aus und zu jeder Gelegenheit wird langweiliger Quatsch verschenkt. Allein komme ich gegen diese Einfallslosigkeit nicht mehr an. Ihr wisst, was das bedeutet:

Kreativ-Alarmstufe Rot!!!

Packt also eure allerbesten Geschenkideen ein, setzt eure Denkhüte auf und kommt, so schnell es geht, in meine Bastelwerkstatt.

Bis bald
Euer
Charlie Schenkowitz

Fantastische Idee, Charlie!

Hi Charlie, ich bin dabei!

Der Geschenkideenfinder

Mit vereinten Kräften basteln die Experten gegen den weltweiten Geschenkideenmangel an. Puh, das ist ja gerade noch mal gut gegangen! Doch für dich als Geschenkebastler müssen noch wichtige Fragen beantwortet werden:

Was soll ich bloß verschenken? Wer freut sich über welches Geschenk? Was bekomme ich noch hin, wenn ich gar keine Zeit mehr habe? Und was mache ich, wenn ich ganz viele Geschenke auf einmal brauche?

Um dir bei diesen Entscheidungen zu helfen, hat Geschenkemeister Charlie Schenkowitz eine geniale Methode entwickelt, die dich durch dieses Buch führt.

Schnelle Geschenke

Gutscheine, die nicht peinlich sind! S. 110

Gutschein-Bombe S. 112

Bezaubernde Briefe S. 114

Aus einem Bild wird ein Geschenk S. 118

Wimpelgirlande S. 122

Und der Orden geht an ... S. 124

Für wen brauchst du ein Geschenk?

Genug

Gar keine!

START: Wie viel Zeit hast du?

Auf S. 142 findest du ein klassisches Inhaltsverzeichnis.

Geschenke für ALLE

Für viele Menschen auf einmal!

Lecker-Schleck-Muscheln	S. 16 •
Fantastische Knetmasse	S. 18 •
Superseifenblasen	S. 20 •
Superseifenblasen-Zauberstäbe	S. 22 •
Sparferkelchen	S. 24

Für ein Kind

Talisman-Stifte	S. 12
Schoko-Knusperhügel	S. 28 •
Beutebeutel	S. 104
Schatzgläser	S. 90 •
Hörbuch	S. 72 •

Für einen Teenager

Jeanstäschchen	S. 84
Schnörkelschrift-Wörter	S. 48
Wichtelregal	S. 58

Das beste Buch	S. 98
Spiralknotenarmband	S. 32
Kuschelkissen	S. 36
Lieblingsshirt	S. 44
Wichtelpost	S. 50
Glücksbringer	S. 68
Bunte Fenstergrüße	S. 78

Für eine Frau

Blumentopf-Kopf	S. 64
Wichtelgarten	S. 76

Für einen Mann

Salatbesteck	S. 94 •

Basteln ist nicht so dein Ding? Kein Problem! Geschenkideen für Bastelmuffel sind mit einem rosa Punkt • gekennzeichnet.

Der ideale Bastelarbeitsplatz

Damit du viele schöne Geschenke basteln kannst, brauchst du einen gut ausgestatteten Arbeitsplatz. Dafür kannst du dir den (Schreib-)Tisch in deinem Zimmer einrichten oder auch auf den Fußboden ausweichen. Breite als Erstes eine Basteltischdecke aus Wachstuch aus – dann kann das Bastelspektakel beginnen!

Für viele Geschenkideen in diesem Buch brauchst du immer die gleichen Werkzeuge und Materialien. Deshalb ist es empfehlenswert, sich eine Grundausstattung zuzulegen. Hier findest du einen ersten Überblick.

Mit so einem Schild an der Tür hast du beim Basteln deine Ruhe.

GESCHENKE-
WERKSTATT
Bitte nicht stören!

Grundausstattung

Basteltischdecke aus Wachstuch

alte Zeitungen zum Unterlegen, wenn es feucht wird (z. B. beim Arbeiten mit Wasser oder Wasserfarben)

gute Beleuchtung

Stromanschluss

Materialsammlung

Um sofort loslegen zu können, wenn du ein Geschenk brauchst oder die Bastellaune dich einfach so überfällt, solltest du dir ein Vorratslager anlegen. Sammle interessante Dinge, die nicht mehr gebraucht werden, in einem Karton: z. B. Deckel von Schraubgläsern, Strohhalme, Verpackungen aller Art, Bänder, Stoffreste etc.

Werkzeug

- Borstenpinsel in verschiedenen Breiten (z. B. 8, 10 und 12 mm)
- Haarpinsel in den Stärken 1, 2 und 4
- Wasserglas mit breiter Öffnung
- kleine Rundzange
- kräftige Zange mit Seitenschneider zum Abknipsen von Draht
- Heißklebepistole
- Hammer und Brett zum Unterlegen
- spitze, scharfe Schere
- Lochzange
- Cutter und Schneidematte
- Lineal

Material

- alter Tusch- oder Wasserfarbkasten
- Glas mit abgefüllter Wandfarbe als Deckweiß
- klarer Acryllack
- normales und verschiedene andere Klebebänder (z. B. Textil- und doppelseitiges Klebeband. Auch Washi-Tapes sind zum Basteln super geeignet!)
- Draht und Blumendraht
- Alleskleber und Klebestift
- gute Bunt- und Filzstifte
- wasserfeste Lackstifte
- Papier-, Stoff- und Wollreste

Wenn dir ein Werkzeug fehlt, kannst du es auf deinen nächsten Wunschzettel zum Geburtstag oder zu Weihnachten setzen.

Pfiffige Geschenke

präsentiert von Fanny und Alberto

Talisman-Stifte 12
Lecker-Schleck-Muscheln 16
Fantastische Knetmasse 18
Superseifenblasen 20
Superseifenblasen-Zauberstäbe 22
Sparferkelchen 24
Schoko-Knusperhügel 28

Talisman-Stifte

Ideenmangel, Schreibblockaden, lauwarme Einfälle? Das muss nicht sein! Als persönliche Glücksbringer können diese Talisman-Stifte deine Freunde und dich bei Schularbeiten unterstützen, geniale Erfindungen zu Papier bringen und geheime Botschaften kritzeln. Sie sind das beste Mittel gegen trostlose weiße Blätter!

Du brauchst:

- Backofen
- Modelliermasse, z. B. FIMO (aus dem Bastelgeschäft)
- einfachen Bleistift ohne Radiergummi (notfalls abmachen)
- Modellierwerkzeuge (Küchenmesser, dicke Nadel, Häkelnadel, Zahnstocher etc.)
- Schere
- Filzreste oder Papier
- Heißklebepistole oder Alleskleber
- eventuell Lackstifte oder Tuschkasten und Deckweiß
- eventuell Draht, Wolle, Perlen oder anderen Schnickschnack
- eventuell farblosen Acryllack

Talisman-Stifte sind ideal, wenn du ganz viele Geschenke auf einmal brauchst – für Freunde oder Verwandte oder für den nächsten Basar. Stifte kann man schließlich nie genug haben!

12

Zuerst modellierst du den Kopf:

1.

Aus der Modelliermasse eine etwa pflaumenkerngroße Kugel formen.

2.
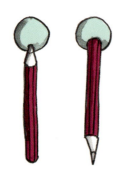
Mit der Bleistiftspitze ein Loch in die Kugel bohren, sodass die Holzspitze ganz verschwindet. Bleistift wieder rausziehen. Nun das Bleistiftende in das Loch drehen, bis die Kugel gut sitzt.

3.

Aus der Modelliermasse kleine Kugeln oder Röllchen für Nase, Augen, Ohren und Mund formen. Diese Teile gut auf dem Kopf befestigen, am besten rundherum mit einer quer gehaltenen Zahnstocherspitze andrücken.*

4.

Den Bleistift vorsichtig herausdrehen. Den Kopf auf ein Backblech setzen und im Ofen backen. Lies dir dazu genau die Packungsanleitung der Modelliermasse durch.

* Wenn du magst, kannst du mit einer dickeren Nadel Löcher für Pupillen oder Sommersprossen piksen. Oder du verpasst deinem Kopf Ohrlöcher, daran kannst du später Perlen befestigen.

Wenn du mit einfarbiger Modelliermasse gearbeitet hast, kannst du nach dem Backen das Gesicht anmalen. Entweder nimmst du dafür Lackstifte oder du verwendest die Tusche-und-Deckweiß-Technik (siehe S. 62).

Dann baust du die Stifte zusammen:

1.

Für den Kragen einen etwa 4 cm großen Filzkreis ausschneiden. Den Kreis zum Halbkreis falten und in die Mitte einen kleinen Schnitt machen. Den Kreis wieder öffnen, andersherum wieder zusammenfalten und nochmals einschneiden, sodass ein kleiner Kreuzschlitz entsteht.

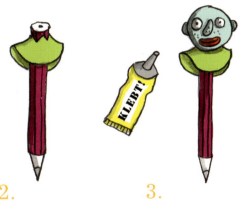

2.
Etwas Klebstoff auf das Bleistiftende träufeln und den Filzkreis über den Stift ziehen.

3.
Den Kopf auf das Stiftende kleben.

4.
Jetzt kommen die Accessoires: Aus Filz oder Papier kannst du z. B. spitze Hüte machen. Hierfür einen Viertelkreis ausschneiden, um eine Bleistiftspitze rollen und zusammenkleben. Mit Heiß- oder Alleskleber auf den Kopf kleben. Wollfäden unter der Mütze sehen wie Haare aus und Ohrringe aus Perlen kannst du mit Draht befestigen oder ankleben.

5.
Besonders schön wird der Kopf, wenn du ihn zum Schluss mit farblosem Lack anstreichst.

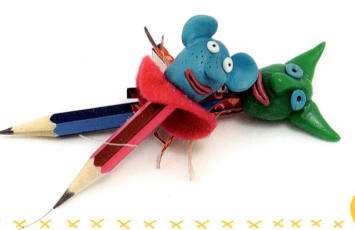

Lecker-Schleck-Muscheln

Du brauchst:

- Backofen
- eine Handvoll Muschelschalen, abgewaschen und abgekocht*
- harte Fruchtbonbons oder Zuckerstangen
- Muffinblech
- oder: Backblech und Alufolie

Sammelst du auch so gerne Muscheln am Strand? Hast du in deinem geheimen Süßigkeitenvorrat ein paar harte Fruchtbonbons oder eine Zuckerstange? Und kennst du außerdem noch ein Schleckermaul, dem du eine süße Freude machen möchtest? Wenn du diese drei Fragen mit Ja beantworten kannst, ist dieses genial einfache Rezept für Lecker-Schleck-Muscheln wie für dich gemacht!

Schöne Tüten oder Gläser zum Verpacken der Schleck-Muscheln findest du auf S. 90 und 134.

> *Zum Abkochen gibst du die Muscheln in einen Topf, bedeckst sie mit Wasser und stellst sie auf den Herd. Wenn das Wasser fünf Minuten lang gekocht hat, gießt du Wasser und Muscheln vorsichtig durch ein Sieb und lässt die Muscheln abkühlen. Dann sind alle Bakterien vernichtet!

Und so geht's:

1.

Den Ofen auf 150 °C vorheizen (Umluft 130 °C / Gas Stufe 1).

2.

In jede Muschel einen Bonbon oder ein Stück Zuckerstange legen.

3.

Die gefüllten Muscheln in die Muffinvertiefungen setzen.**

4.

Das Blech in den Ofen schieben. In 10–20 Minuten sollten die Bonbons geschmolzen sein. Schau zwischendurch immer mal wieder nach: Wie lange es dauert, hängt vom Backofen, der Muschelgröße und der Größe der Bonbons ab. Achtung: Die Bonbonmasse darf nicht braun werden!

5.

Wenn die Bonbons geschmolzen sind und die Masse sich gleichmäßig in den Muschelschalen verteilt hat, zieh dir Ofenhandschuhe an, nimm das Blech aus dem Ofen und lass es abkühlen. Nach etwa 10 Minuten sind die Muscheln fertig zum Losschlecken! Äh, zum Verschenken, natürlich ...

> ** Wenn du kein Muffinblech hast, legst du die Muscheln auf ein normales Backblech und stützt sie mit Alufolienröllchen, sodass sie nicht umkippen können.

17

Fantastische Knetmasse

Du brauchst:

- Herd
- 125 ml Wasser
- 1 Esslöffel Speiseöl
- Ostereierfarbe oder Speisefarbe
- kleinen Topf
- 50 g Salz
- Schneebesen
- Mixer mit Knethakenaufsatz
- Rührschüssel
- 100 g Mehl

Du hast stundenlang hin und her überlegt, was du schenken könntest? Und hast immer noch nicht den blassesten Schimmer? Soll sich das Geburtstagskind sein Geschenk doch einfach selbst kneten! Nichts wie ran an die fantastische Knetmasse, die ihren Namen vollkommen zu Recht trägt! Denn sie ist bunt, lustig und unschlagbar wandlungsfähig!

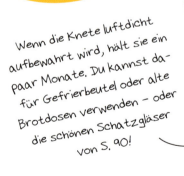

Wenn die Knete luftdicht aufbewahrt wird, hält sie ein paar Monate. Du kannst dafür Gefrierbeutel oder alte Brotdosen verwenden – oder die schönen Schatzgläser von S. 90!

*Soll die Knetmasse noch haltbarer und geschmeidiger werden, kannst du zusammen mit dem Salz pro Portion 5 g (= 1 Teelöffel) Alaun hinzufügen. Das gibt es in der Apotheke. Aber Achtung: Alaun ist nicht zum Essen geeignet, also pass auf und verwechsle es nicht mit Salz oder Zucker!

Jede Farbe wird extra hergestellt. So machst du eine Portion Knete:

1.
Gib Wasser, Öl und ein paar Tropfen Speisefarbe in den Topf und verrühre alles miteinander. Wenn du Färbetabletten benutzt, zerdrücke sie mit einem Löffel im Topf. Bring die Flüssigkeit kurz zum Kochen.

2.
Herd ausstellen! Nimm den Topf vom Herd, streue das Salz in die Flüssigkeit und rühre mit dem Schneebesen, bis die Kristalle aufgelöst sind.*

3.
Gieße die heiße Flüssigkeit vorsichtig in eine Rührschüssel und gib das Mehl hinzu. Mit dem Knethakenaufsatz des Mixers gut vermischen.

4.
Wenn die Masse etwas abgekühlt ist, den Klumpen mit den Händen durchkneten. Falls die Knete dir noch etwas trocken vorkommt oder bröckelig ist, befeuchte deine Hände beim Kneten ein paar Mal mit Wasser.

Superseifenblasen

Du brauchst:

- 250 g weiße (!), flüssige Neutralseife (ganz wichtig, mit anderer Seife geht es nicht!)
- 0,5 l heißes Wasser
- 250 g Zucker
- 15 g Tapetenkleisterpulver
- großen Eimer
- Schneebesen
- Messbecher
- 4,5 l Wasser
- Trichter
- Flaschen oder Gläser zum Abfüllen (z. B. kleine Wasserflaschen oder die Schatzgläser von S. 90)

Verschenk doch einfach mal Luft und gute Laune: Die Superseifenblasen-Flüssigkeit ist ein Geschenk, das garantiert nicht in der Ecke einstaubt, denn riiiiiesige Seifenblasen zu pusten macht einfach riiiiiichtig viel Spaß! Und zusammen mit den Seifenblasen-Zauberstäben von S. 22 ergibt sich eine prima Geschenkekombination.

Aufgepasst, mit diesem Rezept stellst du 5 l Seifenblasen-Flüssigkeit her – das ergibt ganz schön viele Geschenke!

Und so geht's:

1.

Neutralseife, heißes Wasser, Zucker und Tapetenkleisterpulver in den Eimer geben und mit dem Schneebesen gut vermischen.

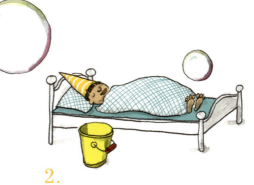

2.

Die Mischung 24 Stunden stehen lassen.

3.

Dann 4,5 l Wasser hinzugeben und wieder gut mit dem Schneebesen vermischen.

4.

Die fertige Seifenblasenflüssigkeit in Flaschen abfüllen.

Etiketten zum Verschönern der Flaschen findest du auf S. 138.

ACHTUNG: Bastelidee mit längerer Wartezeit!

21

Superseifenblasen-Zauberstäbe

Damit die Superseifenblasen auch supergroß werden, brauchst du noch das passende Gerät: die Superseifenblasen-Zauberstäbe. Damit entstehen – simsalabim! – riesige Seifenblasen! Wer kann die größte zaubern?

Du brauchst:

- zwei gerade, daumendicke Äste, Bambusstäbe oder Rundhölzer, mindestens 35 cm lang
- Lackstifte und/oder Schnitzmesser (z. B. Taschenmesser)
- zwei Kordeln aus Baumwollgarn, die eine mindestens 70 cm, die andere mindestens 45 cm lang (Wie du eine Kordel machst, steht auf S. 88.)

Diese Maßangaben sind nur eine erste Orientierung – du kannst auch ganz große Seifenblasen-Zauberstäbe machen! Prima eignen sich dafür lange Bambusstäbe, die sind nicht so schwer. Und du brauchst natürlich entsprechend längere Kordeln. Oder du machst ganz kleine Zauberstäbchen: Besorge dir hierfür Essstäbchen aus einem Asia-Imbiss und mach die Kordeln etwas kürzer.

Und so geht's:

1.
Verziere die Äste nach Belieben. Das kannst du z. B. mit Lackstiften machen. Wenn du mit dem Taschenmesser Muster schnitzen möchtest, lies dir die Schnitztipps auf S. 96 durch.

2.
Lege dir die beiden Kordeln wie in der Zeichnung zu sehen zurecht und knote sie gut 10 cm von den Enden entfernt zusammen.

3.
Mache ca. 2 cm daneben einen weiteren Knoten.

4.
Lege die anderen Enden der beiden Kordeln zusammen. Die längere Kordel macht nun eine Beule. Knote die Kordeln auch auf dieser Seite 10 cm von den Enden entfernt zusammen.

5.
Mache ca. 2 cm daneben einen weiteren Knoten.

6.
Knote die beiden Kordelenden an die Äste.

Wenn du an der längeren Kordel noch ein kleines Gewicht befestigst, z. B. eine Schraubenmutter, dann strafft sich die Kordel und du kannst sie leichter in die Flüssigkeit tunken.

Und so funktioniert's:

Nimm in jede Hand einen Zauberstab, tunke die Kordel in die Seifenblasenflüssigkeit, lass sie etwas abtropfen und schwing die Stäbe durch die Luft.

23

Spar-ferkelchen

Du brauchst:

- Bastelunterlage, z. B. alte Zeitung
- einen Flaschenkorken
- scharfes Messer und Schneidebrett
- Heißklebepistole (notfalls geht auch Alleskleber)
- Büroklammer
- leere Klorolle
- eine alte Postkarte (oder eine dünne Pappe in dieser Größe)
- Stift
- spitze Schere oder Cutter
- Serviette, am besten klein gemustert
- flachen Pinsel
- Tapetenkleister
- farblosen Acryllack und Pinsel
- zwei Knöpfe oder Perlen für die Augen

Gestatten: der sicherste Tresor der Welt! Das glaubst du nicht? Stimmt aber! Denn wer würde es schon übers Herz bringen, dieses niedliche Sparferkelchen zu schlachten? Wenn es mit seinen kleinen Knopfaugen blinzelt, wird sich der neue Besitzer bestimmt dreimal fragen, ob er das Geld aus seinem Bauch wirklich braucht. Und so darf das Sparferkelchen munter weiter mit Euros klimpern und den Schreibtisch zum Schweinestall machen.

Als Erstes baust du das Klorollen-Ferkel:

1.

Schneide den Korken mit dem scharfen Messer in vier gleich dicke Scheiben.

2.

Klebe die Scheiben als Beine an die Klorolle. Hierfür am besten den Heißkleber benutzen.

3.

Biege die Büroklammer L-förmig auf. Das kurze Ende in die Klorolle kleben. Das ist das Schwänzchen.

4.

Stelle die Klorolle auf die Postkarte und zeichne mit dem Stift um die Rolle herum zwei Kreise auf die Pappe. Beide Kreise ausschneiden.

5.

Die Pappkreise vorne und hinten auf die Klorolle kleben.

6.

Pikse mit der spitzen Schere oder dem Cutter ein Loch oben in die Klorolle. Von hier aus einen dicken Schlitz ausschneiden, sodass ein 2-Euro-Stück gut hindurchpasst.

7.

Aus dem Postkartenrest zwei kleine Dreiecke schneiden, in der Mitte leicht knicken und als Ohren an das Ferkel kleben.

Ein Tipp für alle Tierfreunde, die es nie übers Herz bringen würden, das Ferkel zu schlachten: Verwende für den Körper statt einer Klorolle eine Kaugummidose oder eine Smarties-Rolle mit Deckel. Den schneidest du ganz zum Schluss mit einem Cutter auf. So lässt sich das Ferkel immer wieder öffnen und verschließen.

25

Dann kommt die Verzierung:

1.

Reiße die Serviette in ca. 7 x 7 cm große Stücke.

2.

Breite die Zeitung als Unterlage vor dir aus. Bestreiche die Rückseite eines Serviettenstückchens mit Kleister.

3.

Serviettenstückchen vorsichtig auf das Ferkel legen und mit dem Pinsel glatt streichen.

4.

So weitermachen, bis der ganze Körper mit Serviettenstückchen bedeckt ist. Das Büroklammerschwänzchen nicht vergessen!

5.

Trocknen lassen (Tipps dazu auf S. 63).

6.

Nach dem Trocknen mit farblosem Acryllack anstreichen und erneut trocknen lassen.

7.

Zum Schluss die Knöpfe oder Perlen als Augen aufkleben, Schwänzchen in Ringelform bringen und Nasenlöcher in die Schnauze piksen – fertig ist das Sparferkelchen!

Biege das Schwänzchen wie eine Spirale um einen dünnen Pinselstiel, schon lockt es sich wie frisch vom Friseur!

Schoko-Knusperhügel

Du brauchst:

- Backofen
- 200 g Schokolade (z. B. Osterhasen und Nikoläuse, ganz nach Geschmack hell oder dunkel)
- kleine Auflaufform
- 60 g Cornflakes (drei große Handvoll)
- Teigschaber oder Holzlöffel
- zwei Löffel
- Tablett mit Backpapier

Jetzt geht es Schokohasen und -nikoläusen an den Kragen! Diese Schoko-Knusperhügel kommen direkt aus dem Schlaraffenland und sind auch noch ganz einfach herzustellen. So wird normale Schokolade zu einem echten Schmackofatz!

Die Menge reicht für ca. 35 Stück. Das sind drei schöne Geschenkportionen und eine Portion für den Eigenbedarf!

Und so geht's:

1.

Backofen auf 60°C vorheizen (Umluft 40°C, Gas Stufe 0,5 oder 1). Auf keinen Fall heißer!

2.

Die Schokolade grob zerkleinern, in die Auflaufform geben und diese in den Backofen stellen.

3.

Nach 20–30 Minuten ist die Schokolade geschmolzen. Schau zwischendurch immer mal wieder nach, die genaue Zeit hängt vom Backofen ab. (Achtung: Man sieht es der Schokolade eventuell nicht an, dass sie schon geschmolzen ist!) Dann die Form herausholen und die Cornflakes dazugeben. Alles mit Teigschaber oder Holzlöffel verrühren, bis die Cornflakes schön schokoladig sind.

4.

Mit zwei Löffeln kleine Häufchen auf das Backpapier setzen.

5.

Jetzt kommt der schwierigste Teil: Du musst warten, bis die Häufchen fest werden! Das kann bis zu drei Stunden dauern.

Wenn die Knusperhügel fest sind, kannst du sie in selbst gemachte Tüten (siehe S. 134), Schatzgläser (S. 90) oder Cellophan-Beutel füllen. So sind sie fertig zum Verschenken! Wie du die passenden Anhänger und Etiketten gestalten kannst, steht auf S. 138.

Freundschaftsgeschenke

präsentiert von Copina Star 32

Spiralknotenarmband 36
Kuschelkissen 44
Lieblingsshirt 48
Schnörkelschrift-Wörter 50
Wichtelpost .....

Spiralknoten-armband

Du brauchst:

- drei Fäden buntes Garn von je 150 cm Länge (Am besten geht Perlgarn. Du kannst aber auch Baumwollgarn, Wolle oder Schnüre verwenden.)
- Klebeband oder Sicherheitsnadel
- Knopf oder Perle
- eventuell Nadel und Faden, Schere

Was Winnetou nicht wusste: Eine gute Freundschaft kannst du auch ganz unblutig mit einem Freundschaftsband besiegeln! Aber nicht nur beste Freunde, auch Brüder, Tanten und Mütter sind bestimmt entzückt über solch ein Zeichen deiner Zuneigung. Es gibt unzählige Varianten von Freundschaftsbändern.
Soll es einmal pfeilschnell gehen, ist diese Spiralknotentechnik besonders zu empfehlen.

Zuerst machst du die Halteschlaufe:

1.
Die drei Fäden zusammenlegen und in der Mitte locker zusammenknoten.

2.
Das Fadenbündel über dem Knoten mit Klebeband an einer Tischkante befestigen und die Fäden herunterhängen lassen.

3.
Nun den rechten Faden über den mittleren Faden in die (neue) Mitte legen. Dann den linken Faden über den mittleren Faden in die (neue) Mitte legen.

4.
So weitermachen, bis der Zopf 4 cm lang ist.

5.
Den Zopf vom Tisch nehmen, den Knoten lösen und das geflochtene Stück zur Schlaufe zusammenlegen.

Keine Panik, mit etwas Übung ist es viel einfacher, als es aussieht!

So knüpfst du das Armband:

Falls du gemütlich auf dem Sofa knüpfst, kannst du die Schlaufe auch mit einer Sicherheitsnadel an deinem Hosenbein befestigen!

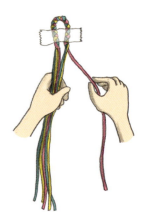

1.
Die Schlaufe mit Klebeband am Tisch befestigen. Es sind nun sechs Fäden.

2.
Einen Faden in die rechte Hand nehmen, alle anderen mit der linken Hand festhalten. Linkshänder können es genau andersherum machen.

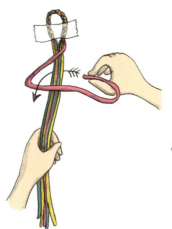
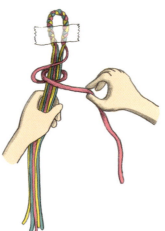
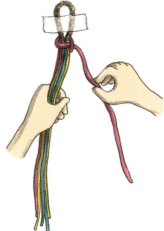

3.
Den einzelnen Faden in einer Schlaufe so über den Strang legen, dass es wie eine 4 ausschaut. Das Fadenende um den Strang herum von unten nach oben durch das Loch der 4 ziehen und den entstehenden Knoten festziehen. Der erste Knoten sollte sich möglichst nah an der Halteschlaufe befinden.

Wenn es noch schneller gehen soll, machst du nur alle 2-3 cm einen Spiralknoten und wickelst zwischen den Knoten immer einen anderen Faden fest um den Strang. Weiter darf der Abstand zwischen den Knoten aber nicht werden, sonst löst sich das Armband zu schnell auf.

4.

Mit dieser Knotentechnik weitermachen, sodass sich der einzelne Faden Knoten für Knoten spiralig um den Strang windet. Die Knoten müssen dicht an dicht liegen. Den Einzelfaden kannst du jederzeit wechseln, so erhältst du ein buntes Ringelmuster.

Ist das Armband lang genug, knotest du immer zwei Fäden gut zusammen. Damit sind alle Fäden gesichert.

5.

Nun kannst du an einem Faden den Knopf oder die Perle befestigen. Am besten nähst du diesen Verschluss zusätzlich mit ein paar Stichen fest. Alle überstehenden Fäden abschneiden.

Ein Armband, das ewig am Handgelenk bleiben soll, braucht keinen Knopf: Mache aus den Fäden zwei dünne Zöpfe, die du an der Schlaufe festbinden kannst.

Aus sehr dicken Schnüren kannst du eine Leine herstellen.

Hast du die Grundtechnik drauf? Dann wird es Zeit für ein paar Spiralknoten-Experimente! Mit mehr als drei Fäden bekommst du einen dicken Armreifen, und aus ganz langen Fäden kannst du ruckizucki eine Halskette machen! Kopfhörerkabel verheddern sich nicht mehr so leicht, wenn sie mit dieser Technik umwickelt werden.

Kuschelkissen

Du brauchst:

- Papier und Stifte zum Vorzeichnen
- Papierschere
- Stoff(reste)
- Stecknadeln
- Stoffschere
- eventuell Knöpfe und Stickgarn zum Verzieren
- Nähmaschine oder Nähzeug
- Kochlöffel
- Füllwolle oder alte Kissenfüllung

Ein kuscheliges Kissen ist ein absoluter Geschenke-Joker: Es ist nicht nur herrlich weich, gemütlich und dekorativ, sondern kann auch ein ganz persönlicher Trostspender sein. Außerdem ist es unverzichtbar für jede Kissenschlacht!

Kuschelkissen sind ganz individuelle Geschenke: Deine beste Freundin hegt und pflegt ihr Aquarium? Dann ist ein Kuschelfisch genau das richtige Geschenk für sie. Und deine musizierende Mutter könntest du vielleicht mit einer Kuschelukulele überraschen. Oder möchtest du deinem Bruder eine Kuschelkeule schenken?

Näh dein Kissen mit der Hand, falls du keine Nähmaschine hast – aber mach es in diesem Fall lieber etwas kleiner! Auf S. 40 findest du eine kleine Nähschule.

Zuerst bereitest du den Grundschnitt vor:

1.
Zeichne dein Motiv auf Papier vor.*

2.
Zeichne ca. 3 cm von der Linie entfernt eine zweite Linie, die dein Motiv wie eine Blase umschließt.

3.
Schneide die Vorlage an der äußeren Linie entlang aus.

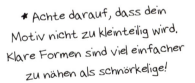

4.
Falte den Stoff zu zwei Lagen zusammen und stecke deine Vorlage mit Stecknadeln darauf fest.

5.
Schneide das Motiv um die Vorlage herum aus beiden Stofflagen aus.

* Achte darauf, dass dein Motiv nicht zu kleinteilig wird. Klare Formen sind viel einfacher zu nähen als schnörkelige!

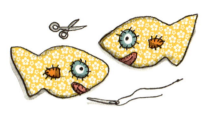

6.
Wenn dein Kissen Applikationen bekommen soll (der Fisch braucht z. B. noch Augen), schneide sie aus einem oder mehreren anderen Stoffen zu und nähe sie auf die Grundform.

37

Dann nähst du das Kissen:

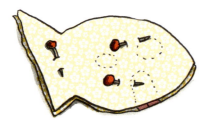

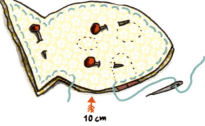

1.

Lege deinen Stoff „rechts auf rechts", das heißt, die schönen Seiten liegen innen. Stecke die beiden Lagen mit Stecknadeln zusammen.

2.

Nähe etwa 2 cm vom Rand entfernt einmal fast ganz um die Form herum. Aber Achtung: Das Kissen noch nicht zunähen! Lass etwa 10 cm offen.

3.

Jetzt die Nahtzugabe einschneiden: Vor allem in den „Innenkurven" (siehe Zeichnung) musst du den Stoff vorsichtig bis fast zur Naht einschneiden, damit das Kissen beim Umstülpen seine Form behält.

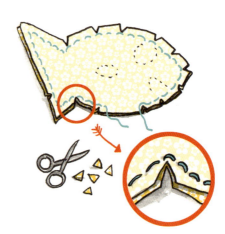

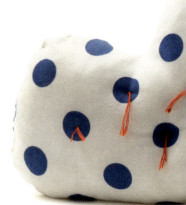

Zum Schluss stopfst du es aus:

1.

Stülpe das Kissen durch die Öffnung um: Was vorher innen war, kommt nach außen. Mit einem Löffelstiel kannst du das Kissen ausbeulen.

2.

Das Kissen mit Füllwolle ausstopfen. Um in die Ecken zu kommen, kannst du ebenfalls den Löffelstiel benutzen.

3.

Die Öffnung mit Nadel und Faden schließen – kuschelfertig!

Nähschule

Du brauchst:

- ein Stück Stoff zum Üben
- eventuell Bügeleisen und Bügelbrett
- Stecknadeln
- Schneider- oder Tafelkreide
- Stoffschere
- Nähgarn
- Näh- oder Sticknadel
- eventuell Stickgarn

Wie praktisch es ist, wenn man nähen kann! Dann kannst du z. B. die Socken deines Bruders an seiner Hose festnähen und dir für deine anschließende Flucht einen Fallschirm in deinen Lieblingsfarben schneidern … Auf den folgenden Seiten lernst du das kleine Einmaleins des Nähens kennen.

Während beim Nähen die meisten Nähte „unsichtbar" werden, weil sie innerhalb der fertigen Näharbeit liegen, sind die Zierstiche beim Sticken von außen zu sehen. Sie sind z. B. gut geeignet für die Klappe des Jeanstäschchens auf S. 84. Mit dickerem Stickgarn sieht's besonders schön aus!

Mit der Nähmaschine geht das alles natürlich viel schneller – wenn man damit umgehen kann! Da jede Nähmaschine anders funktioniert, kann hier keine genaue Anleitung stehen. Aber vielleicht gibt es in deiner Familie oder Nachbarschaft jemanden, der eine Nähmaschine hat? Dann frag doch mal nach, ob er oder sie es dir beibringt. Du kannst dir ja auch einen Nähkurs zum Geburtstag oder zu Weihnachten wünschen – so lernst du es bestimmt ganz schnell!

Vorbereitung:

1. Schneide den Übungsstoff zu.

2. Bügle den Stoff, falls er sehr kraus ist.

3. Falte den Stoff einmal in der Mitte, sodass die schöne Seite innen liegt, denn nach dem Nähen wird das Nähstück umgekrempelt. Stecke den Stoff mit Stecknadeln zusammen.

4. Falls du Sorge hast, dass du nicht gerade nähst, zeichne dir mit Kreide eine Linie vor, an der entlang du nähen kannst.

5. Schneide vom Nähgarn einen Faden in etwa doppelter Armlänge ab.

6. Lecke deine Fingerspitzen an, streiche das Fadenende glatt und schiebe es durch das Nadelöhr.

7. Ziehe den Faden zur Hälfte durch die Nadel und verknote die beiden Fadenenden. So eingeknotet kann dir die Nadel nicht vom Faden rutschen!

Schnelles Heften:

Wenn es schnell gehen soll und nicht lange halten muss, kannst du den Stoff zusammenheften. Diese Naht lässt sich ganz leicht wieder auftrennen.

Jetzt kannst du deine ersten Stiche machen!

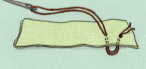 

1. Am Nahtanfang mit der Nadel von oben nach unten durch die Stofflagen stechen und den Faden durchziehen.

2. Etwa 1 cm weiter an der Nahtlinie entlang von unten in den Stoff piksen und den Faden nach oben durchziehen.

3. So weitermachen: immer auf und ab an der Nahtlinie entlang. Zum Schluss den Faden mit einem Knoten sichern und die Enden abschneiden.

Haltbare Nähte:

Falls die Naht länger halten soll, muss richtig genäht werden.
Die ersten beiden Schritte kennst du schon vom Heften.

 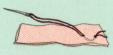 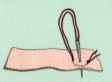

1.

Am Nahtanfang mit der Nadel von oben nach unten durch die Stofflagen stechen und den Faden durchziehen.

2.

Etwa 1 cm weiter an der Nahtlinie entlang von unten in den Stoff piksen und den Faden nach oben durchziehen.

3.

Jetzt aufgepasst: Anstatt so weiterzunähen, gehst du mit der Nadel etwa 5 mm zurück, pikst von oben durch den Stoff und ziehst den Faden durch.

 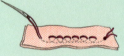

4.

Dann geht es wieder in die andere Richtung: 1 cm weiter an der Nahtlinie entlang von unten durch den Stoff stechen, dann wieder 5 mm zurück ...

5.

In diesem Wechsel geht es immer weiter: 1 cm vor, 5 mm zurück.

Faden sichern:

Damit deine Naht nicht wieder aufgeht, musst du den Faden zum Schluss gut verknoten. Das macht man immer möglichst unsichtbar auf der Rückseite.

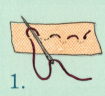 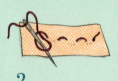  

1.

Stich mit der Nadel in eine Fadenschlaufe und ziehe den Faden fast ganz durch, sodass eine weitere Schlaufe entsteht.

2.

Stich die Nadel durch die so entstehende Schlinge ...

3.

... und zieh den Knoten fest.

4.

Wiederhole Schritt 1 bis 3 ein paar Mal, bis der Faden fest ist. Schneide den Faden ab.

Schöner Zierstich für Kanten:

1.

1 cm von der Kante entfernt mit der Nadel von unten hochstechen. Faden durchziehen.

2.

Die Nadel einmal um die Kante herumführen und etwa 1 cm vom ersten Einstichpunkt entfernt wieder von unten hochstechen.

3.

Die Nadel durch die so entstandene Schlinge führen ...

4.

... und die Schlinge vorsichtig festziehen.

5.

So machst du bis zum Ende deiner Nahtlinie weiter.

Bist du fertig? Dann sichere den Faden wie links unten beschrieben.

Schlingstich zum Sticken:

1.

Zeichne das Motiv (z. B. einen Buchstaben) mit Kreide auf dem Stoff vor.

2.

Pikse genau am Anfang einer Linie mit der Nadel von unten hoch, ziehe den Faden ganz durch und pikse genau durch das Einstichloch wieder zurück.

3.

Achtung: Ziehe den Faden nicht ganz durch, sondern lass eine kleine Schlaufe stehen!

4.

Stich etwa 5 mm vom ersten Einstich entfernt auf der Kreidelinie wieder nach oben und führe die Nadel durch die Schlaufe. Dann zieh den Faden ganz durch.

5.

Stich nun genau beim zweiten Einstichloch ein und komme 5 mm entfernt auf der Kreidelinie wieder hoch. Zieh den Faden nicht ganz durch, sondern lass eine kleine Schlaufe stehen ...

 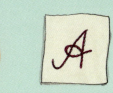

6.

... und so weiter und so weiter ...

Lieblingsshirt

Du brauchst:

- Papier, Bleistift und einen dicken, schwarzen Stift zum Vorzeichnen
- große Pappe, etwa im A3-Format (z. B. Rückseite eines Malblocks)
- T-Shirt oder Longsleeve, weiß oder in heller Farbe, gewaschen
- eventuell weichen Bleistift
- Stofffarben (Stifte oder flüssig)
- eventuell Pinsel
- Bügeleisen
- Klebeband

Modedesign ist gar nicht so schwer! Du musst noch nicht einmal gut malen können, wichtig ist vor allem eine gute Idee. Damit wird aus einem einfachen weißen Shirt in wenigen Schritten ein Lieblingsshirt und ein ganz persönliches Geschenk: Was mag die Person, für die es bestimmt ist, besonders gerne? Ist sie vielleicht Fan einer Band? Oder hat sie ein Lieblingskuscheltier? Passt zu dem oder der Glücklichen etwas Wildes, Buntes oder sollte das Shirt – wie der Beschenkte selbst – lieber ganz ordentlich sein? Für die Ideenfindung kannst du dir eine Mindmap machen (siehe S. 46).

Lieblingsshirts sind natürlich nicht nur für Babys, ist doch klar, oder?

Und so geht's:

1.

Zeichne das Motiv auf Papier vor und ziehe alle Linien mit dem schwarzen Stift nach.

2.

Lege deine Vorzeichnung auf die Pappe und schiebe beides zusammen in das Shirt, sodass unten ein Stück der Pappe herausschaut. Ist das Motiv an der richtigen Position, fixiere sowohl die Vorzeichnung als auch das Shirt mit Klebeband auf der Pappe. Jetzt kannst du deine Vorzeichnung durch den Stoff schimmern sehen.*

3.

Das Shirt muss ganz straff sitzen. Falls es zu schlabberig auf der Pappe hängt oder Falten wirft, kannst du es auf der Rückseite mit Klebeband zusammenraffen.

4.

Male das Motiv mit den Stofffarben auf das Shirt.

5.

Trocknen lassen, Shirt umstülpen und so, also „auf links", bügeln – fertig!

Wenn du erst einmal eine gute Idee hast, kannst du im Internet auch nach einem passenden Bild als Vorlage suchen und es ausdrucken.

* Wenn du ein farbiges Shirt bemalen möchtest, kann es sein, dass die schwarzen Linien nicht durchschimmern. Dann stecke nur die Vorlage ohne die Pappe in das Shirt und klebe beides mit Klebeband an ein Fenster. Jetzt sollte alles gut zu sehen sein. Zeichne das Motiv nun mit dem Bleistift auf den Stoff. Das Shirt vom Fenster entfernen, die Pappe hineinstecken und mit Schritt 3 weitermachen!

Mindmap – die Gedankenlandkarte

Wie kommt man bloß auf gute (Geschenk-)Ideen? Manchmal sprudeln die Ideen nur so aus einem heraus, und manchmal ist es wie verhext und es will einem leider so gar nichts einfallen. Wenn es dir auch mal so geht, hilft dir eine Mindmap, eine „Gedankenlandkarte", zu der Person, die du gerne beschenken möchtest.

Du brauchst:

- weißes Papier
- Stifte, eventuell farbig

Diese Fragen erleichtern dir den Einstieg in die Geschenke-Mindmap:

- Was mag die Person, die du beschenken möchtest, besonders gern, hat sie Hobbys oder Vorlieben?
- Hat sie eine Lieblingsband, Lieblingsbücher, -filme oder -farben? Vielleicht mag sie Tiere, die Natur, Schokolade oder Schwimmen?
- Gibt es etwas, das ihr beide gerne gemeinsam unternehmt oder das euch verbindet?

Aber vergiss auch dich selbst und deine aktuelle „Bastelsituation" nicht:

- Was kannst du selbst besonders gut, was magst du gerne machen?
- Welches Material hast du zur Verfügung?
- Und vor allem: Wie viel Zeit hast du?

Wohin willst du in den Ferien fahren? Wie soll dein Pferd heißen? Was möchtest du auf das T-Shirt malen? Eine Mindmap eignet sich für Ideenfindungen aller Art!

Und so geht's:

1.

Schreibe den Namen der Person, die du beschenken möchtest, mitten auf das Papier und umkringel ihn.

2.

Vom Kringel aus zeichnest du einen kurzen Strich in irgendeine Richtung und schreibst am Ende des Strichs auf, was die Freundin oder der Freund, was deine Oma oder dein Onkel besonders gern mag. Das muss nichts Tolles oder besonders Kreatives sein. Schreib einfach auf, was dir durch den Kopf geht. Kringel dieses Wort wieder ein. Es können auch mehrere Worte oder ein kurzer Satz sein.

3.

Fällt dir etwas ein, was zu dem Wort im zweiten Kringel passt? Dann mache von hier aus einen weiteren Strich und kringel den neuen Begriff ebenfalls ein.

4.

Oder hast du eine Idee, die in eine ganz andere Richtung geht? Dann kehre zum ersten Kringel zurück und zeichne von hier aus einen Strich in eine andere Richtung.

5.

So entsteht Strich für Strich, Kringel für Kringel deine Gedankenlandkarte, und du hast plötzlich ein Bild von der Person mit all ihren Hobbys, Interessen und Vorlieben vor Augen. So kannst du locker kringelnd auf prima Geschenkideen kommen!

6.

Die Mindmap lässt dir auch Raum für Spielereien und Kombinationsmöglichkeiten: Luzies T-Shirt könntest du z. B. mit dem Beatles-Logo in Neonfarben bemalen. Oder du malst einen Fisch beim Angeln. Oder ein Fantasywesen im Urwald ...

Schnörkelschrift-Wörter

Du brauchst:

- Stift und Zettel
- zwei Zangen
- Draht, am besten mit 1 mm Durchmesser, notfalls geht auch ein Drahtkleiderbügel aus der Reinigung. Für einen Namen wie „Rosa" brauchst du bei einer Buchstabengröße von 8 cm etwa 80 cm Draht.
- bunte Wollreste (ein einzelnes Wollknäuel geht auch)
- Schere
- eventuell Seitenschneider

Jetzt ist Schönschreiben angesagt – je schnörkeliger, desto besser! Mit der Wolle-um-Draht-Wickeltechnik kannst du Lieblingswörter oder Glückwünsche verschenken, die man sich an die Wand hängen kann. Oder du bastelst deinen Freunden Namensschilder für ihre Zimmertür.

Beim Kleiderbügel musst du zuerst mit einem Seitenschneider den Aufhänger abknipsen. Dabei kann dir ein Erwachsener helfen. Dann biegst du den Kleiderbügel auf, sodass du einen geraden Draht bekommst.

Und so geht's:

1.

Schreibe das Wort, das du biegen willst, groß und mit allerschönster Schnörkelschrift auf ein Blatt Papier, ohne den Stift abzusetzen.

2.

Mit einer Zange biegst du nun den Anfang des Drahts zu einer kleinen Schlaufe, sodass du dich nicht daran piksen kannst.

3.

Knote einen Wollfaden an der Schlaufe fest und umwickle den Draht so eng damit, dass man nichts mehr davon sehen kann.

4.

Wenn du genug von einer Farbe hast, nimm das nächste Wollknäuel, knote es fest und wickle weiter. Den ersten Faden brauchst du nicht abzuschneiden, wenn du damit später noch weiterwickeln möchtest. Wickle ihn einfach mit ein, bis du ihn wieder brauchst. Auf diese Weise kannst du verschiedene Farben verwenden. Wenn du eine Farbe nicht mehr benutzen möchtest, schneidest du den Faden ab und wickelst das Ende mit ein.

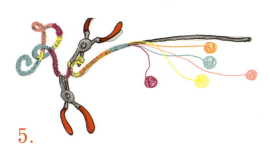

5.

Wenn du etwa 30 cm gewickelt hast, befestigst du den letzten Faden mit einem Knoten am Draht, damit er sich nicht abwickelt. Jetzt kannst du dein Wort biegen. Hierfür brauchst du die zwei Zangen und beim Kleiderbügeldraht auch etwas Kraft. Bei manchen Buchstaben wie „a" oder „t" musst du den Draht hin und her biegen, denn Absetzen kannst du schließlich nicht. Reicht der bunte Draht wie im Bild nicht für das Wort aus, musst du ein weiteres Stück des Drahts umwickeln und dann mit dem Biegen weitermachen.

6.

Wenn das Wort fertig ist, den Draht nach dem letzten Buchstaben abknipsen, einen kleinen Schnörkel biegen und das Drahtende umwickeln. Dann den letzten Faden verknoten.

49

Wichtelpost

Wie heißt es doch so schön: Kleine Geschenke erhalten die Freundschaft! Na dann – je winziger, desto besser, oder? Diese Minibriefe kannst du prima in die Etuis, Jackentaschen oder Kulturbeutel deiner Freunde schmuggeln – sie freuen sich ganz bestimmt, wenn sie die Wichtelpost entdecken!

Du brauchst:

- ein Stückchen dünne Pappe (z. B. eine alte Postkarte)
- Bleistift
- spitze, scharfe Schere
- farbiges Papier (z. B. alte Zeichnungen, Comicseiten, Origamipapier, Landkarten, Geschenkpapier, Noten, Magazinseiten …)
- flüssigen Klebstoff
- eventuell einen Zahnstocher
- eventuell Papier für Etiketten

Tipps fürs Briefeschreiben findest du auf S. 114.

Und so geht's:

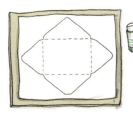

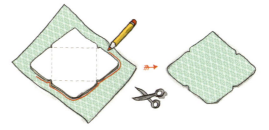

1.
Übertrage die Bastelvorlage möglichst genau auf die Pappe (wie das geht, steht auf S. 52).

2.
Schneide die Form exakt aus. Je genauer dir das gelingt, desto besser werden die Umschläge, denn das ist deine Schablone!

3.
Lege die Pappschablone auf ein Stück farbiges Papier, umrande sie mit Bleistift und schneide die Form aus.

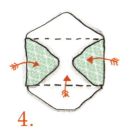

4.
Die Flügel des Umschlags zusammenfalten und dort, wo sie überlappen, mit ein wenig (!) Klebstoff zusammenkleben. Falls aus deiner Klebstofftube zu viel auf einmal herauskommt, kannst du einen Zahnstocher verwenden, um den Kleber aufzutragen.

5.
Damit der Postbote nicht lange rätseln muss, wohin der Brief gehen soll, kannst du ein Adressetikett auf die Vorderseite des Briefumschlags kleben. Dafür nimmst du einfach ein rechteckiges Stückchen einfarbiges Papier.

Pass auf, dass du nicht den ganzen Umschlag zusammenkleisterst!

Bastelvorlage

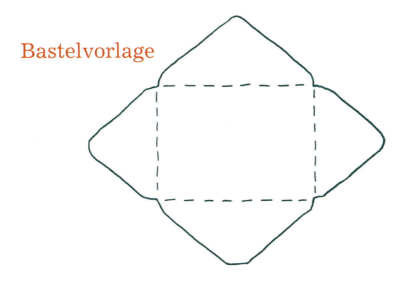

Du kannst auch Umschläge in anderen Größen machen! Such dir dafür einen Briefumschlag, der dir gefällt, falte ihn vorsichtig auseinander und benutze ihn wie beschrieben als Schablone. Wenn die Vorlage nicht zu groß ist, kannst du Magazinseiten für deine Umschläge verwenden. Möchtest du ganz viele Umschläge in dieser Größe herstellen, lohnt es sich auch hier, eine Pappschablone anzufertigen!

Kopieren von Vorlagen

Wie bekommt man so ein Schnittmuster bloß auf eine Pappe? Das ist alles andere als Zauberei und es gibt sogar verschiedene Methoden dafür, die du je nach Bedarf anwenden kannst. Probier einfach aus, welche für dich die beste ist.

Methode 1: faules Kopieren

Du brauchst:

- Kopierer
- Papier, auf das du das Schnittmuster übertragen möchtest
- Schere
- eventuell Cutter und Schneideunterlage
- eventuell Stricknadel
- eventuell Klebestift
- Klebeband

1.

Kopiere die Seite mit dem Schnittmuster mit dem Kopierer. Je nachdem, wie das Gerät ausgestattet ist, kannst du die Vorlage dabei gleich vergrößern oder verkleinern.

2.

Schneide das Schnittmuster aus.

3.

Benutze die ausgeschnittene Form wie eine Schablone: Lege sie auf das Papier, auf das du das Schnittmuster übertragen möchtest, zeichne mit dem Bleistift drum herum – fertig!

Extra-
tipps:

1.

Damit sich dickes Papier oder Pappe besser knicken lassen, fahre mit einer Stricknadel und einem Lineal als Hilfsmittel an den Falzlinien entlang und drücke dabei fest auf.

2.

Wenn du mit einem Cutter umgehen kannst, dann klebe die Kopie mit Klebeband direkt auf das Papier und schneide die Form durch beide Lagen aus.

3.

Wenn du eine Pappschablone (z. B. für die Wichtelpost, siehe S. 50) herstellen möchtest, kannst du die Kopie der Vorlage auch mit einem Klebestift auf die Pappe kleben und beides gemeinsam ausschneiden.

Manche Vorlagen lassen sich auch gut am Fenster durchpausen – mit einem Buch geht das aber nicht so gut …

Methode 2: sportliches Durchpausen

1.
Lege das transparente Papier auf die Vorlage im Buch. Damit es nicht verrutscht, kannst du zwei Ecken vorsichtig mit wiederablösbarem Klebeband fixieren.

2.
Das Schnittmuster mit Bleistift durchpausen. Für gerade Linien ein Lineal benutzen.

Du brauchst:

- transparentes Papier, z. B. Backpapier oder Butterbrotpapier
- wiederablösbares Klebeband
- weichen Bleistift
- Lineal
- Papier, auf das du das Schnittmuster übertragen möchtest
- Schere
- Druckbleistift ohne Mine

3.
Das transparente Papier vorsichtig vom Buch lösen. Jetzt entweder das Schnittmuster ausschneiden und wie bei Methode 1 als Schablone benutzen oder …

4.
… das Transparentpapier umdrehen und alle Linien mit einem weichen Bleistift überschraffieren.

5.
Lege das Transparentpapier nun mit der Schraffur nach unten auf das Papier und fixiere die Ecken mit Klebeband. Ziehe alle Linien mit dem Druckbleistift nach. Das Schnittmuster drückt sich so auf das Papier durch.

Kreative Geschenke

präsentiert von Fantasilie 58

Wichtelregal 64
Blumentopf-Kopf 68
Glücksbringer 72
Hörbuch 76
Wichtelgarten 78
Bunte Fenstergrüße

Wichtelregal

Manche Menschen ziehen schöne, kleine Dinge an wie weiße T-Shirts die Tomatensoße. Für diese Krimskrams-Magneten ist ein Wichtelregal das ideale Geschenk: Irgendwo passt es schon dazwischen und gleichzeitig findet ein Teilchen der Sammlung darauf Platz!

Du brauchst:

- Bastelunterlage
- Bleistift und dünnes Papier
- Schere
- Pappe (Rückseite eines Schreibblocks)
- Cutter und Schneidematte
- Sandpapier oder Nagelfeile
- Klebstoff (am besten Heißkleber, flüssiger Alleskleber geht aber auch)
- Geodreieck
- Zwirn oder dickes Nähgarn
- Deckweiß und Tuschkasten
- farblosen Acryllack oder Nagellack

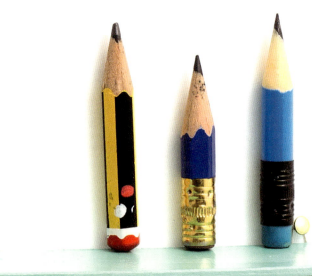

Zuerst baust du das Regal:

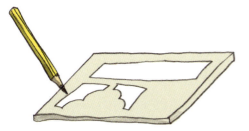

1.

Pause die Bastelvorlage von der nächsten Seite auf dünnes Papier ab und schneide sie aus. Lege die drei Teile auf die Pappe und zeichne die Umrisse nach.

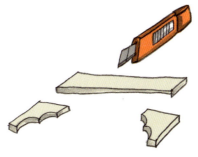

2.

Schneide die Bauteile aus. Am besten geht das mit einem Cutter. Falls du keinen Cutter hast, nimmst du eine scharfe Schere.

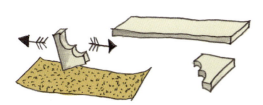

3.

Alle Kanten mit Sandpapier oder Nagelfeile glätten.

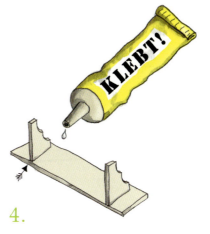

4.

Nun klebst du die Regalträger an das Regalbrett. Achte darauf, dass die Teile senkrecht auf dem Brett stehen und die hintere Kante genau mit dem Regalbrett abschließt. Dafür kannst du ein Geodreieck zu Hilfe nehmen.

Dann machst du die Aufhängung:

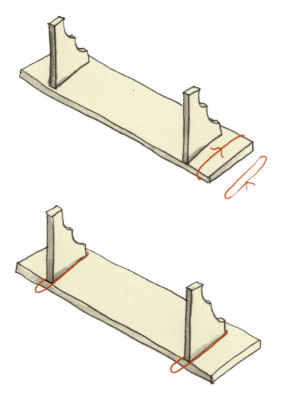

1.
Mit dem Zwirn eine enge Schlaufe um das Regalbrett knoten. Gut mit einem Doppelknoten sichern, Zwirnenden abschneiden und die Schlaufe abziehen. Die zweite Schlaufe machst du genauso.

2.
Dann über jeden Regalträger eine der Schlaufen ziehen und so festkleben, dass sie hinten überstehen. An diesen Schlaufen wird das Regal später aufgehängt.

3.
Zum Schluss pinselst du das kleine Regal in einer passenden Farbe an. Hierfür eignen sich mit Deckweiß vermischte Wasserfarben besonders gut (Tipps dazu auf S. 62).

Wenn die Farbe trocken ist, versiegelst du dein Minimöbel mit farblosem Lack, dann glänzt es schön und hält noch besser.

Bastelvorlage:

Wenn du nicht weißt, wie du diese Bastelvorlage durchpausen und auf Pappe übertragen sollst, schau auf S. 52 nach!

Du kannst das Wichtelregal natürlich auch größer oder noch kleiner bauen!

Tusche und Deckweiß

Um deinen Meisterwerken eine bunte Note zu verleihen, brauchst du keine Profifarbe! Ein alter Tusch- oder Wasserfarbkasten und etwas weiße Wandfarbe sind dafür vollkommen ausreichend. Und wenn du sie nach dem Trocknen zudem mit farblosem Acryllack versiegelst, halten deine Werke nicht nur ewig, sondern glänzen auch noch schön.

Du brauchst:

- Malunterlage
- alten (!) Tusch- oder Wasserfarbkasten
- flachen Pinsel
- ein Glas Wasser
- weiße Wandfarbe (ein Marmeladenglas voll) oder eine Tube Deckweiß
- alten Teelöffel
- eventuell farblosen Acryllack

1.

Rühre die Tuschkastenfarbe mit dem Pinsel und Wasser schön schaumig an. Tupfe die Farbe zwischendurch immer wieder auf dem Deckel des Tuschkastens ab, nimm neues Wasser auf und schäume weiter. Du kannst die Farben natürlich auch mischen.

2.

Mit dem Teelöffel einen Klecks Wandfarbe oder etwas Deckweiß zur Wasserfarbe geben und vermischen. Je mehr weiße Farbe du nimmst, desto pastelliger, heller und auch haltbarer wird die Farbe.

3.

Mit dieser angerührten Mischung kannst du deine Bastelwerke nun anpinseln (z. B. das Wichtelregal von S. 58 oder die Blumentopf-Köpfe von S. 64).

4.

Gut trocknen lassen (siehe Tipps auf der rechten Seite).

5.

Nach dem Trocknen mit farblosem Acryllack anpinseln.

Frag deine Eltern, ob ihr noch irgendwo weiße Wandfarbe stehen habt, von der du dir etwas in ein Marmeladenglas abfüllen kannst. Und einen alten Tuschkasten hast du doch bestimmt noch aus dem letzten Schuljahr, oder?

Die Wartezeit ...

... beim Trocknen auszuhalten gehört zu den schwersten Bastelschritten! Manchmal ist man nur ungeduldig. Aber manchmal hat man auch einfach keine Zeit, lange zu warten, z. B. am 24. Dezember, so gegen Mittag ... Die eine oder andere Trocknungsphase kannst du aber mit folgenden Tipps beschleunigen:

Wenn du ein Geschenk aus Papier oder Kunststoff angemalt hast, kannst du es auf der Heizung trocknen. Lege dabei etwas Zeitungspapier unter dein Werkstück. Holz solltest du auf diese Weise aber nicht trocknen, da es sonst reißt.

Ist gerade keine Heizsaison, kannst du das Trocknen auch mit einem Heizlüfter oder einem Föhn beschleunigen.

Basteleien aus Pappmaché oder Kleisterpapier kannst du auch bei geringer Temperatur im Backofen trocknen. Stell ihn dafür auf die niedrigste Stufe, nicht höher als 50 °C. Achtung: Mit einem Gasbackofen geht es nicht, der wird zu heiß!

Blumentopf-Kopf

Du brauchst:

- Bastelunterlage
- Küchenkrepp
- Alleskleber
- Tontopf
- weiße Wandfarbe
- Tuschkasten
- eventuell wasserfeste Stifte
- farblosen Acryllack und Pinsel
- Zeitungspapier, etwa 10 x 10 cm groß
- zum Hineinpflanzen: eine Pflanze in passender Größe
- oder: Erde und Samen, z. B. Kresse oder Katzengras

Wer blinzelt denn hier so vorwitzig unter dem Basilikum hervor? Diese Hingucker gucken sogar zurück! Und das Beste: Du kannst jedem Blumentopf-Kopf die passende Frisur verpassen. Wie wäre es mit einem Katzengras-Irokesen für Omas Kater? Oder mit Schnittlauchlocken für deine vegetarische Freundin? Vielleicht schenkst du deinem Vater ja einen »Glatzkopf«, der nach einiger Zeit zu sprießen beginnt – dann kann er den Haaren beim Wachsen zuschauen …

1.

Reiße ein Blatt Küchenkrepp in kleine Stückchen (etwa 2 x 4 cm).

2.

Bestreiche ein Stückchen von beiden Seiten mit richtig viel Klebstoff. Drehe aus dem Papier zwischen deinen Fingern ein kleines, klebriges Röllchen.

3.

Modelliere schnell mit dem Röllchen einen Mund auf den Topf. Bei Bedarf nimmst du noch mehr Klebstoff.

4.

Ebenso klebst du nun Augen, Augenbrauen, Nase und Ohren auf den Topf. Wenn alles fertig ist, lässt du das Ganze trocknen (Tipps zum Trocknen: S. 63).

65

Dann kommt die Gesichtsfarbe:

1.

 Streiche den Topf von außen mit weißer Wandfarbe an – das ist die Grundierung. Wieder trocknen lassen.

2.

 Jetzt kannst du das Gesicht mit der Tuschkasten-Wandfarben-Technik (siehe S. 62) anmalen. Vielleicht zeichnest du mit einem wasserfesten Stift noch Wimpern oder Sommersprossen hinzu?

3.

Wenn alles wieder gut getrocknet ist, versiegelst du den Topf von außen mit Acryllack. Bei den bemalten Stellen musst du etwas vorsichtig sein, damit nichts verwischt. So geschützt kann der Topf-Kopf einen ganzen Sommer im Freien verbringen. Wenn du ganz sicher gehen möchtest, trägst du noch eine zweite Lackschicht auf.

Das Styling:

Nach dem Trocknen des Lacks machst du dich an die Frisur. Lege zuerst ein Stückchen Zeitungspapier über das Loch im Topf, so verstopft es später nicht und das Gießwasser kann ablaufen. Dann setzt du die Pflanze hinein. Für einen Glatzkopf füllst du ausreichend Blumenerde in den Topf und streust Samen aus.

Jetzt das Gießen nicht vergessen – dann sitzt die Frisur nicht so schlapp!

Glücksbringer

Du brauchst:

- Pfeifenputzer oder Chenilledraht (bekommst du im Bastelladen)
- Perle (ca. 1 cm Durchmesser)
- Wollreste
- kleine Zange
- Schere
- Filz- und Stoffreste
- Klebstoff
- Nadel und Faden
- wasserfeste Stifte/Lackstifte
- eventuell Schlüsselring oder Sicherheitsnadel
- eventuell kleine Perlen als Augen

Diese knallbunten Kerlchen können ja nur Glück bringen, und Glück kann man immer gebrauchen! Gibt es etwas Schöneres zum Verschenken? Ob Miniatur-Superheld, kleiner Glückskäfer, Elfe oder winziges Lieblingstier: Überlege, was zum Empfänger deines Geschenks passt – und bieg los!

So machst du die Grundform für ein einfaches Männchen:

1.
Etwa 30 cm Pfeifenputzerdraht zur Hälfte biegen.

2.
Auf das geknickte Ende eine Perle stecken, sodass ein Zipfel Draht oben herausschaut. Den Zipfel umbiegen.

3.
Die beiden Drahtenden links und rechts zu einem „W" hochbiegen. Die Perle sollte ungefähr auf Höhe der Mitte der äußeren Drähte liegen.

4.
Unterhalb der Perle die Drahtenden zur Seite biegen. Das werden die Arme.

5.
Den Körper ein paar Mal um sich selbst drehen, damit die Grundform hält.

Und so geht's weiter:

1.
Am äußeren Ende eines Arms einen Wollfaden festknoten und ca. 2 cm Draht fest mit dem Faden umwickeln.

2.
Das umwickelte Ende mit der Zange umbiegen und das Ganze noch einmal umwickeln. Fertig ist die erste Hand.

3.
Nun ohne abzusetzen den ganzen Körper mit Wolle umwickeln. Bei der zweiten Hand und den Füßen genauso verfahren wie bei der ersten Hand. Zum Schluss den Wollfaden verknoten.

4.
Jetzt kommt die Verzierung: Braucht dein Männchen einen Superman-Umhang? Oder Flügel? Oder vielleicht einen Hut? Du kannst die Accessoires mit Klebstoff fixieren, mit Nadel und Faden annähen oder sie festbinden.

5.
Zum Schluss mit wasserfesten Stiften ein Gesicht auf die Perle malen.

> Wenn du an dem oberen Zipfel Draht einen Schlüsselring befestigst, wird der Glücksbringer zum Schlüsselanhänger! Und wenn du mit Nadel und Faden eine Sicherheitsnadel annähst, wird der Glücksbringer zur Brosche und man kann ihn immer bei sich tragen.

Hast du den Bogen raus? Dann versuche dich an anderen Formen. Wie wäre es z. B. mit ein paar Vierbeinern? Vielleicht magst du auch eine ganze Weihnachtskrippe oder die Passagiere der Arche Noah basteln?

Wenn du ein Tier ohne Perlenkopf wickelst, kannst du kleine Perlen als Augen aufsticken.

Hörbuch

Ein Hörbuch ist die ideale Geschenkidee für Bastelmuffel! Die Vorbereitung ist zwar etwas aufwendiger, macht aber sehr viel Spaß. Und wenn dein Hörbuch erst einmal fertig ist, kannst du es beliebig oft auf CD brennen. Du solltest dir vorher nur überlegen, welche Geschichte sowohl deiner Oma als auch deinen kleinen Geschwistern gefällt.

Da die Technik bei jedem Gerät etwas anders ist, werden die einzelnen Schritte hier nur grob erklärt. Vielleicht kann dir ein begabter Erwachsener zeigen, wie dein Aufnahmegerät und dein Brennprogramm genau funktionieren?

Du brauchst:

- eine Geschichte
- Klebezettelchen
- Stifte, eventuell Textmarker
- Geräuschzutaten (siehe S. 75)
- Aufnahmegerät: Fast alle neuen Handys haben ein Programm für Sprachaufnahmen. Oder du nimmst einen Computer mit Mikrofon.
- Computer mit CD-Brenner
- leeren CD-Rohling
- wasserfesten Stift
- CD-Hülle

Es war einmal eine Wichtelmutter, die hatte drei kleine Wichtelchen. *Halli! Hallo! Hallöchen!* Die Wichtelchen waren besonders fleißig und deshalb immer besonders hungrig. Sie aßen und aßen. *Schmatz, Schmatz, Schmatz.* Irgendwann waren sie so groß, dass in dem Haus, in dem sie wohnten, nicht mehr genug Platz für alle war. *Ächz, stöhn.* Da sagte die Mutter (sehr helle Pieps-Stimme): „Ihr könnt nicht mehr bei mir bleiben, meine Kinder. Sucht euch ein eigenes Haus!"

Bereite dich vor:

Ein Hörbuch ist noch kein Hörspiel. Wenn du deine Geschichte auf eine noch spannendere Weise vertonen möchtest, solltest du dich auf der Internetseite www.audiyou.de umsehen: Dort findest du neben jeder Menge Tipps zum Aufnehmen von Hörspielen auch eine kostenlose Geräusche-Bibliothek und Infos zu Tonschnittprogrammen.

1.

Such dir eine gute Geschichte zum Vorlesen aus. Toll sind Geschichten mit viel wörtlicher Rede – die kannst du mit verschiedenen verstellten Stimmen lesen! Nimm für den Anfang eine Geschichte, die nicht zu lang ist und die du gut lesen kannst.

2.

Lies die Geschichte ein paar Mal laut und mach dir dabei Notizen: Welche Figur der Geschichte soll mit welcher Stimme sprechen? Welches Geräusch passt an welche Stelle? Notiere deine Anmerkungen mit Klebezetteln am Rand des Buches.

3.

Such dir die Geräuschzutaten zusammen und lege sie in der Reihenfolge bereit, in der du sie brauchst. Eventuell kannst du für den Anfang und das Ende der Geschichte einen Gong oder einen anderen schönen, klaren Ton gebrauchen.

4.

Platziere das Aufnahmegerät direkt vor dir, sodass du bequem hineinsprechen kannst, und mach eine Tonprobe. Na, hörst du dich gut an?

Wenn du die Geschichte aus dem Buch kopierst, kannst du direkt hineinkritzeln und die unterschiedlichen Stimmen mit verschiedenen Textmarkern markieren!

73

Zum Verschnaufen kannst du zwischendurch auf „Pause" drücken!

Achtung, Aufnahme!

1.

Atme ein paar Mal tief durch, drück auf „Aufnahme" und lies los. Pass auf, dass du nicht zu schnell wirst! Das Ziel ist es, die ganze Geschichte möglichst in einem Rutsch mit allen Geräuschen durchzulesen. Wahrscheinlich wirst du mehrere Versuche brauchen, bis du zufrieden bist.

2.

Hast du die Aufnahme im Kasten? Dann lade sie per Kabel oder Bluetooth von deinem Aufnahmegerät auf den Computer. Von einem Smartphone kannst du sie auch einfach per E-Mail verschicken.

3.

Ist die Aufnahme gespeichert, brennst du sie auf einen leeren CD-Rohling.

Zum Schluss kommt der Feinschliff:

4.

Auf die CD schreibst du mit wasserfestem Stift den Titel der Geschichte, den Namen des Autors und den des Sprechers, also deinen Namen. Auch das Sounddesign („Geräuschgestaltung") kannst du erwähnen, das hast ebenfalls du gemacht. Das Aufnahmedatum gehört auch noch auf die CD. (Falls du Schönschreib-Hilfe brauchst, schau auf S. 116.)

5.

Jetzt kannst du noch die CD-Hülle gestalten. Überlege dir, was für ein Bild zu deiner Geschichte passt. Wenn du unsicher bist, mach dir erst einmal eine Skizze auf Schmierpapier oder erstell dir eine Mindmap (S. 46). Du kannst dich auch vom Umschlag des Buches inspirieren lassen, aus dem deine Geschichte stammt. Wenn du nicht zeichnen oder malen möchtest, kannst du auch eine Collage aus Magazinfotos kleben. Oder du belässt es einfach bei der Beschriftung.

Diese Geräuschzutaten findest du im Haushalt:

Wassergeräusche

Plastikwanne mit Wasser füllen und darin herumplätschern, eventuell auch mit Löffeln.

Regen

Reiskörner in aufgeblasenem Luftballon schütteln. Oder: Regenmacher-Rolle langsam kippen.

Hagel

Erbsen oder Maiskörner in Konservendose fallen lassen.

Feuer

Knisternde Tüten, z. B. Chipstüten, zerknüllen. Oder: Zweige oder Streichhölzer zerbrechen.

Wind

Am Mikrofon vorbei oder über Flaschenhals pusten.

Telefonstimme

In Plastikbecher sprechen.

Lautsprecher

In eine Pappröhre sprechen.

Geist

Pappröhre in einen Metalleimer halten und „Huuuuuuh! Huuuuuuuh!" hineinheulen.

Menschenmenge

Geschwister und Freunde engagieren.

Schritte

Die Hände in leere Schuhe stecken und auf der Tischplatte „laufen".

Eine Kopier- und Bastelvorlage für die CD-Hülle findest du auf S. 55.

Das passende Geräusch ist nicht dabei? Es gibt unendlich viele Möglichkeiten, Geräusche zu erzeugen. Probier's einfach aus!

Wichtelgarten

Du brauchst:

- ein Glas mit weiter Öffnung (z. B. ein großes Joghurt- oder Einmachglas) oder einen Blumentopf
- kleine Steine
- Sand (z. B. aus einer Sandkiste)
- Blumenerde
- Teelöffel
- Moos und andere Pflanzen: kleine Baumschößlinge, ein Stück Rasen, Löwenzahn – was du so im Wald, im Park oder am Wegesrand findest
- eventuell Kressesamen
- eventuell Dekomaterial in Wichtelgröße: kleine Holzstücke, Schneckenhäuser, Steine etc.

Hinter den sieben Bergen bei den sieben Zwergen gab es einmal einen verwunschenen Garten. Jeder, der diesen Garten betrachtete, vergaß die Zeit und wurde gaaaaanz entspannt …

Der Wichtelgarten ist kein Märchen, es gibt ihn wirklich! Hier kannst du nachlesen, wie du ihn herstellen und verschenken kannst!

Der kleine Garten braucht einen hellen Platz und ab und zu etwas Wasser, damit er gut gedeiht!

Und so wirst du zum Wichtelgärtner:

1.
Wenn du ein Glas oder ein anderes Gefäß ohne Loch im Boden nimmst, fülle unten eine Schicht kleiner Steine hinein, sodass der Boden bedeckt ist.

2.
Fülle nun ca. 2 cm Sand in das Gefäß.

3.
Darüber kommt eine Schicht Erde, bis das Glas fast voll ist. Nimmst du einen Blumentopf mit Loch, kannst du Steine und Sand weglassen.

4.
Nun kannst du mit dem Teelöffel vorsichtig deine Pflanzenfundstücke einsetzen. Gestalte damit einen Garten: Vielleicht legst du aus kleinen Steinen einen Weg oder eine Terrasse? Wohin willst du das langhaarige Moos pflanzen? Und wo soll das kleine Bäumchen stehen? Hast du irgendwo Platz für ein kleines Kressebeet?

Vielleicht spannst du ja noch eine winzige Wimpelgirlande (siehe S. 122) von Baum zu Baum? Dann sieht es schön festlich aus und du hast das perfekte Mitbringsel für eine Gartenparty.

Wenn du magst, kannst du noch einige Wichtelobjekte hineinsetzen. Vielleicht einen schönen Stein als Sitzplatz? Oder eine Feuerstelle aus Streichhölzern?

77

Bunte Fenstergrüße

Das Bild kannst du mit Klebeband oder Klebepunkten am Fenster befestigen.

Du brauchst:

- dünne Pappe oder Tonpapier im Format A4
- Schere
- weißes A4-Papier
- Bleistift
- weißes (neutrales) Transparentpapier
- Klebeband
- buntes Transparent- oder Laternenpapier
- Klebestift
- schwarzen, wasserfesten Stift
- dünnen Faden

Dir kommt heute alles grau und eintönig vor? Höchste Zeit für ein paar bunte Fenstergrüße. Die heben garantiert die Laune und man kann sich bei jedem Blick nach draußen darüber freuen. Vielleicht kennst du ja jemanden, der gerade krank das Bett hüten muss? Dann schick ihm oder ihr doch einen bunten Fenstergruß per Post!

Zuerst bereitest du das Bild vor:

Als Rahmen kannst du auch eine Wurstpappe vom Imbiss nehmen, schau mal auf S. 118 nach!

1.
Für den Rahmen kannst du die Vorlage von S. 81 auf Pappe übertragen (wie das geht, steht auf S. 52) und ausschneiden. Oder du gestaltest selbst einen Rahmen.

2.
Lege den Rahmen auf ein Blatt weißes Papier und zeichne den Ausschnitt mit Bleistift nach.

3.
Zeichne dein Motiv vor. Das kann auch etwas ganz Einfaches mit groben Formen sein. Wenn du keine Bildidee hast, schau doch mal auf S. 46!

4.
Lege ein Blatt weißes Transparentpapier über die Vorzeichnung und befestige es an zwei Ecken mit Klebeband.

5.
Zeichne um die Ausschnittlinie (siehe Punkt 2) mit 1 cm Abstand einen Rahmen (hier rot eingezeichnet).

79

Dann kommt der bunte Teil:

1.

Reiße oder schneide buntes Transparentpapier so in Form, dass es auf dein Motiv passt. Wenn sich die Transparentpapierlagen überlappen, entstehen neue Mischfarben!

2.

Die bunten Transparentpapierstückchen mit einem Klebestift auf dem weißen Transparentpapier festkleben.

3.

Eventuell mit dem schwarzen Stift ein paar Details einzeichnen, bei einem Gesicht z. B. Pupillen, Schnurrbart oder Brille.

4.

Das weiße Transparentpapier von der Vorzeichnung lösen und an der roten Linie entlang ausschneiden.

5.

Das fertige Bild hinter den Papprahmen kleben.

6.

Nun noch ein Stückchen Faden mit Klebeband von hinten so an der oberen Rahmenkante befestigen, dass eine Schlaufe entsteht.

Praktische Geschenke

präsentiert von Dr. Ecki Praktikus 84

Jeanstäschchen 90
Schatzgläser 94
Salatbesteck 98
Das beste Buch 104
Beutebeutel

Jeanstäschchen

Du brauchst:

- ausgemusterte Jeans
- Stoffschere
- dünne Nadel
- Stickgarn (Perlgarn) oder dünne Wolle
- eventuell Nähmaschine
- Nähgarn
- schönes Band oder Kordel (siehe S. 88), etwa 115 cm lang
- eventuell kleine Zange
- schönen Knopf
- dicke (Stopf-)Nadel

Falls du in der Stimmung bist, eine alte Jeans zu zerschnippeln und etwas Neues daraus zu machen, dann solltest du dich dem Jeanstäschchen-Projekt widmen! Ob als coole Umhängetasche für deine Freundin, als nützlicher Brustbeutel für deinen kleinen Bruder oder als Handytasche – Jeanstäschchen sind vielseitig einsetzbar und du kannst sie ganz nach den Vorlieben des Beschenkten gestalten.

Auch das praktischste Geschenk braucht ein bisschen Verzierung – z. B. ein paar bildschöne Troddeln (siehe S. 89).

Ich war mal eine Hosentasche!

Zuerst machst du die Taschengrundform:

1.

Eine der Gesäßtaschen aus der Hose schneiden. Dafür dort, wo die Tasche an der Hose festgenäht ist, genau um die Tasche herumschneiden. Oberhalb des Tascheneingriffs etwa 3 cm Stoff stehen lassen. Das wird die Klappe, mit der die Tasche später zugemacht werden kann.

2.

Nun die Klappe in Form schneiden: rund oder eckig, wie es dir gefällt.

3.

Die Kante der Klappe mit Stickgarn umnähen. Dafür eignet sich ein Zierstich (siehe S. 43). Die Klappe bleibt länger in Form, wenn du sie vorher mit dem Zickzackstich der Nähmaschine säumst.

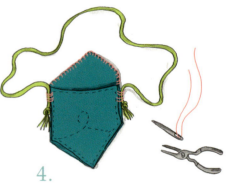

4.

An beiden Seiten des Täschchens mit ein paar Stichen ein Band oder eine Kordel als Trageriemen annähen.*

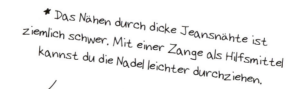

*Das Nähen durch dicke Jeansnähte ist ziemlich schwer. Mit einer Zange als Hilfsmittel kannst du die Nadel leichter durchziehen.

Dann kommt der Verschluss:

1.

Die Klappe schließen und knapp darunter einen Knopf annähen.

2.

Für die Schlaufe drei 40 cm lange Stickgarnfäden in die dicke Nadel fädeln und mit zwei Stichen durch die Mitte der Klappe ziehen.

3.

Aus den drei Fäden, die links herausschauen, einen Zopf flechten und das Ende verknoten.

4.

Mit den drei Fäden auf der rechten Seite machst du es genauso.

5.

Beide Zöpfe um den Knopf herum miteinander verknoten.

Verziere dein Täschchen mit bunten Troddeln, die du mit ein paar Stichen an die Tasche nähst. Wie du Troddeln machst, steht auf S. 89.

Kordeln

Egal, ob du ein Band für einen Beutel (S. 104), eine Halteschlaufe für ein Täschchen (S. 84) oder neue Schnürsenkel brauchst: Selbst gemachte Kordeln helfen dir weiter!

Du brauchst:

- Wolle oder Schnur, eventuell in zwei Farben
- eventuell Maßband
- Tür mit Klinke
- Schere

1.
Finde heraus, wie lang die Kordel sein soll, die du brauchst.

2.
Miss zwei Fäden Wolle dreimal länger ab, als die Kordel werden soll. Für 1 m Kordel brauchst du z. B. zwei 3 m lange Wollfäden.

3.
Knote beide Fäden an einem Ende zusammen und hänge sie wie in der Zeichnung zu sehen an eine Türklinke.

4.
Halte die beiden Fäden straff und drehe sie zusammen in eine Richtung, bis sie sich nur noch schwer drehen lassen. Jetzt hast du eine verzwirbelte Schnur.

5.
Halte die Schnur straff, fasse mit einer Hand ungefähr in ihre Mitte und führe mit der anderen Anfang und Ende zusammen. Löse die Schnur von der Klinke.

6.
Lass das geschlossene (!) Ende der Kordel los – schon verzwirbelt sich die Schnur blitzschnell und ganz von selbst. Mache in das offene Ende einen Knoten.

7.
Streiche die Kordel glatt, damit keine Knötchen entstehen.

Wenn du nur ein Stückchen der Kordel brauchst, musst du vor (!!!) dem Durchschneiden links und rechts neben dem geplanten Schnitt zwei Knoten machen – sonst entzwirbelt sich die Kordel schneller, als du gucken kannst!

Tri-Tra-Troddeln

Leider kann man kaum aufhören, Troddeln herzustellen, wenn man erst einmal damit angefangen hat. Also Achtung! Wenn du hier weiterliest, besteht für dich erhöhte Vertroddelungsgefahr!

Du brauchst:

- Stickgarn (Perlgarn) oder dünne Wolle
- ein Stück Pappe, so lang, wie die Troddel werden soll
- Stoffschere
- eventuell dicke (Stopf-)Nadel

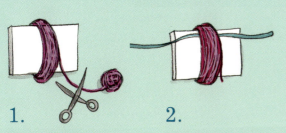

1. Wickle Stickgarn oder Wolle um die Pappe. Je mehr du wickelst, desto dicker wird die Troddel. Garnende abschneiden.

2. Schneide etwa 20 cm Stickgarn oder Wolle ab und fädele es an der Pappe entlang unter das aufgewickelte Garn. Das wird der Aufhänger.

3. Schiebe den Aufhänger zur oberen Pappkante und knote ihn mit einem festen Doppelknoten um den aufgewickelten Strang.

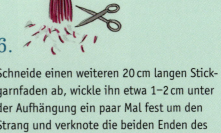

4. Schneide alle Fäden des aufgewickelten Garns an der unteren Pappkante durch.

5. Halte den Aufhänger fest und streiche alle Fäden der Troddel glatt nach unten.

6. Schneide einen weiteren 20 cm langen Stickgarnfaden ab, wickle ihn etwa 1–2 cm unter der Aufhängung ein paar Mal fest um den Strang und verknote die beiden Enden des Fadens miteinander. So entsteht eine Art Kragen. Jetzt noch die Troddel in Form frisieren – fertig!

Wenn die Fadenenden um den Kragen nicht lose herumhängen sollen, kannst du sie mit einer Stopfnadel ins Innere der Troddel ziehen und die Enden abschneiden, falls sie unten heraushängen.

Schatzgläser

Du brauchst:

- leeres Marmeladenglas mit Deckel
- buntes Klebeband
- Hammer und Nagel
- Holzbrett als Unterlage (z. B. altes Frühstücksbrett)
- Knöpfe und Perlen
- Seitenschneider oder Drahtschere
- Blumendraht
- kleine Zange
- eventuell Heißklebepistole

Geheimnisvoll funkeln die Schatzgläser im Regal. Was für Kostbarkeiten wohl in ihnen stecken? In diesen Schmuckstücken lassen sich z.B. selbst gemachte Seifenblasenflüssigkeit (S. 20), Schoko-Knusperhügel (S. 28) oder Knete (S. 18) verschenken. Aber auch leer sind sie ein echter Schatz!

91

Und so geht's:

Lege beim Hämmern lieber ein Brettchen unter den Deckel, sonst hast du ihn ruck, zuck an den Schreibtisch genagelt!

1.

Den Deckel sternförmig mit bunten Klebebändern bekleben.

2.

Mit Hammer und Nagel ein kleines Loch in die Mitte des Deckels hämmern.

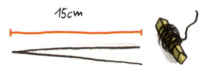

3.

Perlen und Knöpfe auswählen, die zur Deckelfarbe passen.*

4.

Mit Seitenschneider oder Drahtschere etwa 30 cm Draht abknipsen und in der Mitte knicken.

*Das Schatzglas sieht besonders toll aus, wenn alles in einer „Farbwelt" bleibt. Das heißt, dass die Klebebänder, Perlen und Knöpfe ähnliche Farben haben.

5.

Eine Perle oder einen Knopf mit Öse auf den Draht stecken und bis zur Drahtmitte schieben.

6.

Nach Geschmack weitere Perlen und Knöpfe auf den Draht fädeln. Aufgepasst! Bei den Perlen beide Drahtenden durch das Loch stecken, und bei den Knöpfen die Drähte durch zwei Löcher piksen.

7.

Vielleicht möchtest du verschiedene Knopf-Perlen-Kombinationen ausprobieren? Wenn der Perlenturm dir gefällt, stecke beide Drahtenden durch das Loch im Deckel.

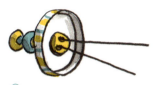

8.

Von unten einen letzten Knopf auf den Draht schieben.

9.

Nun die Drahtenden mit der Zange verzwirbeln und überstehenden Draht abknipsen.

Für das Aufbewahren von Knetmasse solltest du das Loch im Deckel mit Heißkleber versiegeln, sonst trocknet sie zu schnell aus.

Salatbesteck

Diese rustikalen Vitamin-Zwillen sind das perfekte Geschenk für Salatliebhaber und Naturfreunde. Außerdem macht Schnitzen einfach total viel Spaß – wenn man die Schnitzregeln auf der nächsten Seite beachtet!

Du brauchst:

- Garten- oder Astschere
- zwei Y-förmige, daumendicke Äste mit langem Stiel, am besten frisch abgeschnitten*
- Schnitzmesser (z. B. Taschenmesser)
- feines Schmirgelpapier
- Küchenkrepp oder Taschentuch
- Olivenöl

* Augen auf bei der Wahl des Holzes! Lies dir vor dem Schnitzen unbedingt die Tipps auf S. 96 durch!

94

Und so geht's:

1.

Schneide mit der Gartenschere die beiden Äste ungefähr gleich lang auf „Salatbesteckgröße" zu. Kleine Zweige, die am Griff oder an den Zinken herauswachsen, entfernen.

2.

Lies dir die Schnitzregeln genau durch. Dann schnitze mit dem Messer die Zinken in Form. Wie bei einer Gabel sollten sie zur Spitze hin etwas dünner werden.

3.

Wenn du magst, kannst du Muster in die Griffe schnitzen, z. B. Ringel: dafür vorsichtig Ringe in die Rinde schneiden und dann jeden zweiten Rindenring wegschnitzen.

4.

Nun das Salatbesteck mindestens einen Tag, besser zwei Tage, trocknen lassen. Lege es aber nicht auf die Heizung, sonst bekommt das Holz Risse.

5.

Schmirgle die entrindeten Stellen mit dem Schmirgelpapier schön glatt.

6.

Tränke das Küchenkrepp mit Olivenöl und reibe das Salatbesteck damit ein. So wird das Holz unempfindlich und bekommt keine Salatsoßenflecken.

ACHTUNG: längere Trocknungszeit!

Schnitzen

Du arbeitest gerne mit deinen Händen und liebst es, an der frischen Luft zu sein? Dann ist Schnitzen die Bastelmethode deiner Wahl! Beachte die drei Schnitzregeln und lies dir die Hinweise auf dieser Seite gründlich durch – dann steht dem großen Schnitzspaß nichts mehr im Wege. Zur Sicherheit solltest du einen Erwachsenen über dein Schnitzvorhaben informieren und in Rufweite haben, falls das Messer doch einmal abrutschen sollte.

Du brauchst:

- Grünholz
- Garten- oder Astschere
- Schnitz- oder Taschenmesser
- Sitzgelegenheit, am besten draußen
- eventuell Schleifpapier
- Lappen und Öl (gut eignet sich Olivenöl)

Das richtige Holz

Am einfachsten schnitzt es sich mit frisch geschnittenem Holz, auch Grünholz genannt. Um das zu bekommen, kannst du entweder warten, bis irgendwo etwas abgeschnitten wird: Das ist in Gärten oft im Herbst oder im Frühjahr der Fall. Oder du schneidest selbst etwas ab. Verwende dafür eine Garten- oder Astschere. Du solltest Äste nicht einfach abknicken oder abreißen. Frage aber vorher unbedingt den Gartenbesitzer, ob ihm das auch recht ist!

Besonders gut geeignet sind die Äste von Linde, Haselnuss, Esche, Pappel und Birke. Die lassen sich relativ leicht bearbeiten. Aber auch Obstbäume und viele Gartensträucher liefern gutes Schnitzmaterial. Auf keinen Fall solltest du Thuja, Oleander, Rhododendron oder Eibe verwenden – die sind giftig! Frag im Zweifel unbedingt bei jemandem nach, der sich damit auskennt!

Ein Waldspaziergang ist ebenfalls eine gute Gelegenheit, um Schnitzmaterial zu sammeln. Vergiss also deine Gartenschere nicht! Geh aber auch hier sorgsam mit den Büschen und Bäumen um. Am besten schneidest du etwas von umgefallenen oder gefällten Bäumen ab.

Schnitzregeln:

1.
Wer schnitzt, der sitzt!

2.
Immer vom Körper weg schnitzen!

3.
Nur schnitzen, wenn du dich gut konzentrieren kannst!

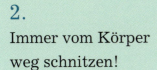

Schau dir das Messer vor dem Losschnitzen genau an: Wo ist noch mal die scharfe Seite?

So wird dein Werkstück besonders schön:

1.
Wenn du mit frischem Holz schnitzt, muss das Werkstück nach dem Schnitzen trocknen. Lege es dafür nicht auf die Heizung oder in den Ofen, denn Holz reißt sehr leicht, wenn es zu schnell trocknet. Das Trocknen kann je nach Dicke des Werkstücks ein paar Tage dauern.

2.
Nach dem Trocknen solltest du dein Werkstück mit feinem Schleifpapier glätten.

3.
Danach kannst du es mit Öl einreiben. So glänzt es schön und wird unempfindlich gegen Flecken.

Das beste Buch

Du brauchst:

- Schere
- Lineal
- 20 Bögen A5-Papier*
- vier Büroklammern
- Bleistift
- Hammer
- dünnen Nagel
- Brett zum Unterlegen
- Nähnadel
- Zwirn oder dickes Nähgarn
- Textilklebeband
- zwei Wäscheklammern
- Pappe in A4 (Schreibblockrückseite)
- Umschlagpapier in A4 (z. B. selbst gemachtes Geschenkpapier, siehe S. 128)
- eventuell Bucheinschlagfolie
- Klebstoff

Du bist auf der Suche nach einem im wahrsten Sinne des Wortes vielseitigen Geschenk? Dann ist dieses Buch genau das richtige! Ob geheime Notizen, Skizzen, Adressen oder Lieblingsrezepte – hier findet alles seinen Platz. Wie dein bestes Buch aussehen soll, bestimmst ganz allein du: groß oder klitzeklein, dick oder dünn, mit weißem, gemustertem oder buntem Papier …

Diese Anleitung gilt für ein postkartengroßes Buch mit 40 Seiten. So kannst du die Umschlaggröße für jedes beliebige Format errechnen:

Miss aus, wie groß der Buchblock, also die Innenseiten, sind.

Die beiden Pappdeckel müssen 1 cm länger und genauso breit wie der Buchblock werden.

Der Rücken, also der Pappstreifen, wird genauso lang wie die Pappdeckel und so breit, wie der Buchblock inklusive der Pappdeckel dick ist.

✱ A5-Papier ist halb so groß wie normales Schreibpapier. Du kannst z. B. das Papier aus einem Schreibblock oder auch Kopierpapier einfach in der Mitte durchschneiden. Wenn du unterschiedliche Papiere nimmst, wird es ein Kreuz-und-quer-Buch!

99

Zuerst machst du die Hefte:

1.

Zehn A5-Bögen aufeinanderlegen und quer zu einem Heft zusammenfalten. Den Knick scharf mit dem Scherengriff oder einem Lineal nachziehen.

2.

Das Heft wieder auseinanderfalten und den Papierstapel mit zwei Büroklammern zusammenhalten.

3.

Mit Bleistift und Lineal alle 2,5 cm einen Punkt auf dem Knick markieren (= fünf Punkte).

4.

Durch jeden Punkt mit Hammer und Nagel ein kleines Loch hämmern. Benutze dabei das Brett als Unterlage.

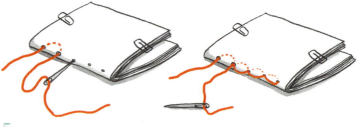

5.

Jetzt die Seiten wie auf der Zeichnung zu sehen mit Nadel und Faden zusammenheften.

6.

Den Faden ganz stramm ziehen und die Enden fest zusammenknoten.

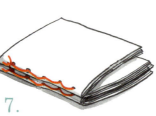

7.

Die restlichen zehn Bögen Papier genauso zusammenheften.

100

Dann baust du den Buchblock zusammen:

1.
15 cm Textilklebeband abschneiden und ein Ende zu einem Dreieck kleben.

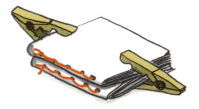

2.
Beide Hefte genau aufeinanderlegen und mit Wäscheklammern zusammenhalten.

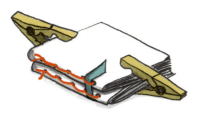

3.
Das Klebeband mit der Spitze voran vorsichtig durch die beiden untersten Schlaufen fädeln und stramm vorne und hinten auf den Buchblock kleben.

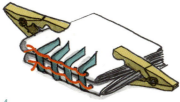

4.
Drei weitere Klebebandstreifen auf die gleiche Weise durch die anderen Schlaufen fädeln und festkleben.

Zum Schluss kommt der Umschlag:

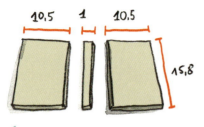

1.

Dafür die Pappen zuschneiden. Für dieses Buch benötigst du zwei Pappen à 15,8 x 10,5 cm und einen Pappstreifen von 15,8 x 1 cm.

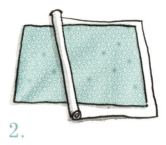

2.

Du kannst das Umschlagpapier von der Außenseite mit Bucheinschlagfolie beziehen. So ist es später vor Schmutz und Wasser geschützt.

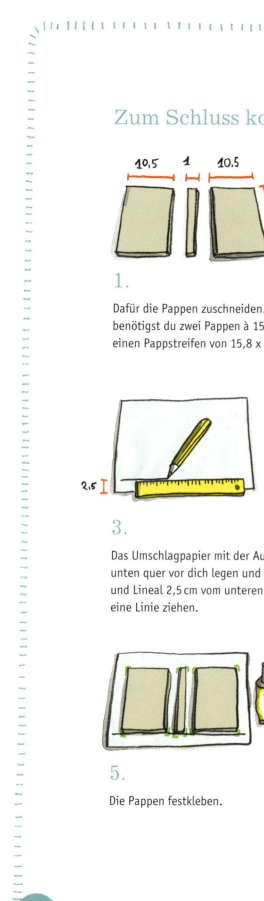

3.

Das Umschlagpapier mit der Außenseite nach unten quer vor dich legen und mit Bleistift und Lineal 2,5 cm vom unteren Rand entfernt eine Linie ziehen.

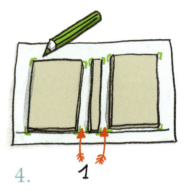

4.

Die Pappen wie auf der Zeichnung zu sehen auf das Papier legen. Zwischen den Deckeln und dem Rücken ist je 1 cm Platz. Die Position der Pappen mit Bleistift auf dem Papier markieren.

5.

Die Pappen festkleben.

6.

Die Ecken des Umschlagpapiers 0,5 cm von den Pappecken entfernt schräg abschneiden.

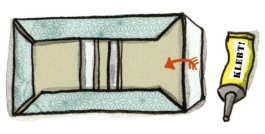

7.

Die überstehenden vier „Flügel" eng um die Pappen herumfalten, glatt streichen und festkleben.

8.

Den Umschlag vorsichtig in Form bringen.

9.

Eine Außenseite des Buchblocks bis auf einen 1,5 cm breiten Rand am Rücken mit Klebstoff bestreichen.

10.

Den Buchblock so in den Umschlag kleben, dass der Rand des Umschlags noch gut zu sehen ist.

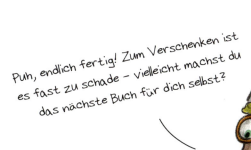

11.

Die andere Seite des Buchblocks ebenso wie in Schritt 9 mit Klebstoff bestreichen und den Buchdeckel zuklappen.

Beutebeutel

Du brauchst:

- ein Stück Stoff (z. B. 30 x 40 cm groß*)
- Nähmaschine
- Bügeleisen und Bügelbrett
- Lineal
- Stecknadeln
- oder: Nadel, Faden und Zeit (Wie man näht, steht auf S. 40.)
- Kordel, 70 cm lang (z. B. selbst gemacht, schau mal auf S. 88!)
- Esslöffel

Bei der Wahl zum praktischsten Geschenk des Universums könnte der Beutebeutel locker den ersten Platz belegen! Transportieren, verstecken, verpacken, verschenken – kein Problem mit dem Beutebeutel! Du kannst ihn in nahezu jeder Größe, Farbe und Menge und passend für fast jeden Beutezug herstellen – was will man mehr?

*Diese Maße ergeben einen ca. A5 großen Beutel. Dein Beutel kann aber auch kleiner oder größer sein – je nach Bedarf!

Und so geht's:

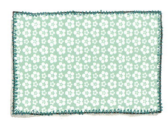

1.
Das Stück Stoff mit Zickzackstich umranden.*

2.
Falls die Naht sich kräuselt: bügeln!

3.
Lege den Stoff quer vor dich hin und falte ihn zur Hälfte. Die schöne Seite soll innen liegen.

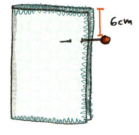

4.
Stecke etwa 6 cm von der oberen rechten Ecke entfernt eine Stecknadel in den Stoff.

5.
Nähe von dieser Markierung aus erst die rechte und dann die untere Seite 1 cm von der Kante entfernt zusammen.

*Wenn du keine Nähmaschine hast, lässt du die ersten beiden Schritte einfach weg.

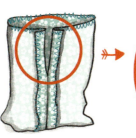  

6.

Drehe den Beutel so, dass die Naht dir zugewandt und in der Mitte liegt. Bügele die Nahtzugaben und die offenen Enden auseinander.

7.

Nun die beiden offenen Enden schmal absteppen, d. h. eng an der Kante entlangnähen.

8.

Etwa 3,5 cm der oberen Beutelkante nach außen umschlagen und bügeln.

9.

Die Kordel einmal um den Beutel herumlegen und unter dem umgeschlagenen Stoff verstecken, sodass die Kordelenden aus den Öffnungen herausschauen. Die Kordel mit Stecknadeln unter der Kante fixieren.

10.

Etwa 2,5 cm von der Kante entfernt rings um den Beutel nähen. Achte darauf, dass du nicht versehentlich die Kordel festnähst! Jetzt kann die Kordel nicht mehr unten herausrutschen.**

11.

Beutel umdrehen und die Ecken mit dem Stiel des Esslöffels ausbeulen. Kordelenden zusammenknoten – fertig!

** Dabei darfst du den Beutel natürlich nicht zunähen – das wäre ja ziemlich blöd, oder?

Schnelle Notgeschenke

präsentiert von Efendi Ziendi

Gutscheine, die nicht peinlich sind! 110
Gutschein-Bombe 114
Bezaubernde Briefe 118
Aus einem Bild wird ein Geschenk ... 122
Wimpelgirlande 124
Und der Orden geht an ...

Gutscheine, die nicht peinlich sind!

Du brauchst:

Nur eine gute Idee! Lass dich von den folgenden Vorschlägen inspirieren oder erstelle eine Mindmap (S. 46).

Keine Zeit, keine Lust, kein Bastelmaterial, zwei linke Hände? Dann ist ein Gutschein das Geschenk deiner Wahl! Wichtig sind vor allem eine gute Idee und eine passende „Verkleidung" – dann kann von „nur ein Gutschein" keine Rede mehr sein.

Wenn du ein schönes Erlebnis verschenkst, ist es immer gut, gleich einen konkreten Termin zu vereinbaren. So gerät der Gutschein nicht in Vergessenheit.

Eine schöne Zeit miteinander verbringen:

Das ist für viele Erwachsene tatsächlich ein echtes Geschenk, denn Zeit haben sie oft nur ganz wenig!

Waldspaziergang
Dafür kannst du den Gutschein an einen Ast knoten.

Picknick
Zeichne eine Landkarte, auf der du den Ort für euer Picknick markierst.

Geschichten vorlesen
Bastle aus ein paar Zetteln ein kleines Buch.

Sonntagsfrühstück (im Bett) ausrichten
Verstecke den Gutschein in einem Brötchen.

Unbeliebte Arbeiten:

Erwachsene freuen sich sehr, wenn ihnen Arbeiten abgenommen werden, auf die sie selbst keinen Bock haben. Du könntest z. B. einen kleinen Block als Gutschein verwenden und eine ganze Sammlung von Diensten verschenken. Schreibe dafür jeweils einen Dienst auf eine Seite des Blocks.

Vorschläge

1 x Herd schrubben

1 x Zimmer aufräumen ohne meckern

1 x Küchenschublade aufräumen

1 x Müll rausbringen

1 x Mülleimer schrubben

1 x Kühlschrank von innen und außen putzen (Vorsicht: aufwendig!)

1 x Pinnwand entwirren

1 x Fahrräder putzen (Vorsicht: aufwendig!)

1 x Schuhe putzen

1 x Socken ordnen für die ganze Familie

1 x Wäsche aufhängen

1 x Schuhschrank aufräumen

1 x Handschuhe sortieren

Auch kleine Geschwister freuen sich über Gutscheinblöcke

1 x gemeinsam Zähne putzen

1 x Geschichte vorlesen

1 x Monster verjagen

1 x nicht petzen

1 x auf dem Gepäckträger mitfahren lassen

1 x die Treppe hochtragen

1 x Einschlaf-Stewardess sein

1 x Kakao machen

1 x Witze erzählen

1 x über deine Witze lachen

1 x Kuscheltierarzt spielen

1 x darfst du mich aufwecken, wenn du nicht einschlafen kannst

1 x verkleiden

1 x „die schönste Frisur der Welt" spielen

1 x gleichzeitig mit dir ins Bett gehen

1 x Lieblings-T-Shirt leihen

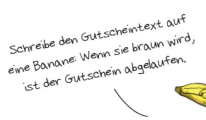

Schreibe den Gutscheintext auf eine Banane: Wenn sie braun wird, ist der Gutschein abgelaufen.

Gutschein-Bombe

Mit der knallbunten Gutschein-Bombe kannst du jede Party aufmischen! Sie wird von den Partygästen herumgereicht und dabei langsam ausgewickelt. Irgendwann erreicht sie den eigentlichen Empfänger – der ahnt bis zum Schluss nichts von seinem Geschenk und die Überraschung ist perfekt!

Du brauchst:

- Krepppapierrollen in mindestens zwei Farben, besser mehr
- Schere
- Zettel und Stift
- eine kleine Überraschung für den Kern der Bombe (z. B. Bonbon, Teelicht, kleine Figur etc.)
- Klebestift
- weitere Kleinigkeiten zum Miteinwickeln (Aufkleber, Tattoos, Bildchen, Kaugummi oder ähnliches)

Du kannst für den Bombenkern statt eines Gutscheins auch einfach etwas Nettes wie „Du siehst heute aber gut aus!" auf einen Zettel schreiben.

Und so geht's:

✱ Fehlt dir die zündende Gutscheinidee? Dann schau doch mal auf S. 111 nach!

1. Von den Krepppapierrollen etwa 1,5 cm breite Röllchen abschneiden. So bekommst du ganz einfach lange Kreppbänder zum Einwickeln. Für eine mittelgroße Bombe brauchst du 10 bis 15 Bänder.

2. Schreibe den Gutscheintext mit Schönschrift auf einen Zettel.✱

3. Wickle den Zettel um den Bombenkern.

4. Wickle das erste Kreppband straff um Kern und Zettel, sodass nach Möglichkeit nichts mehr herausschaut. Das Ende des Kreppbandes mit einem Tupfer Klebstoff fixieren.

5. Jetzt den Namen des Gutscheinempfängers auf einen schmalen Zettel schreiben und diesen am Ende des Krepppapiers festkleben.

6. Dann einen andersfarbigen Krepppapierstreifen fest um den Kern wickeln. Dabei kannst du z. B. einen Aufkleber oder einen anderen flachen Gegenstand miteinwickeln. Das Ende wieder festkleben.

7. Nun auf einen schmalen Zettel eine Anweisung schreiben, z. B.: „Drei weiter nach rechts reichen!" Den Zettel am Krepppapierende festkleben.

8. So weitermachen: Krepppapier umwickeln, eine nette Kleinigkeit wie Tattoo oder Kaugummi miteinwickeln, eine Anweisung festkleben ...

9. Fleißig weiterwickeln, bis die Bombe mandarinen- bis apfelsinengroß ist.

10. Schneide von einer großen Krepppapierrolle einen weiteren, etwa 1 cm breiten Streifen ab und wickle ihn wie in der Zeichnung zu sehen um die Bombe. Er sollte möglichst eine andere Farbe haben als die oberste Schicht der Bombe.

11. Schreibe eine kleine Aufforderung wie „Pack mich aus!" auf einen Zettel und klebe ihn an der Bombe fest.

Bezaubernde Briefe

E-Mail, Chat, SMS – eine Nachricht ist schnell geschrieben. Aber auch richtige Briefe schreibst du mit diesen Tipps in Windeseile – und verschenkst damit etwas ganz Besonderes und Persönliches!

Du brauchst:

- Schmierpapier zum Vorschreiben und Ausprobieren
- Bleistift
- Füller oder anderen Schreibstift
- schönes (Brief-)Papier im Format A4
- Briefumschlag (siehe S. 50)

Falls du mehrere Briefe schreibst, ist Abschreiben bei dir selbst natürlich erlaubt! Aber achte darauf, dass die Empfänger sich nicht gut kennen, sonst wird's peinlich ...

Falls du gar keine Zeit mehr hast, dein Gehirn zu aktivieren, ist hier ein kleiner Standardbrief, den du abwandeln kannst.

Und so schreibst du Briefe wie ein Profi:

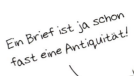

Ein Brief ist ja schon fast eine Antiquität!

1.

Erstelle eine Mindmap (siehe S. 46) zu der Person, an die du schreiben möchtest. Um dir den Einstieg zu erleichtern, denk an sie und frage dich:

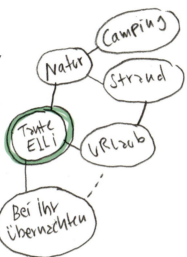

- Was mag ich an dir?
- Was verbindet mich mit dir? Was bedeutest du mir?
- Was haben wir in der letzten Zeit gemeinsam erlebt? War etwas Schönes dabei?
- Hättest du Lust, mal wieder etwas mit mir zu unternehmen?
- Was wollte ich dir schon immer einmal sagen, erzählen oder mitteilen?
- Wofür kann ich dir dankbar sein?

Hast du nicht so viele Worte gefunden? Dann kannst du den Briefbogen noch ausgiebig verzieren!

2.

Schreibe einen Entwurf des Briefes vor.

3.

Schreibe den Brief in Schönschrift ab. Falls du keine schöne Schrift hast, solltest du dir Mühe geben, zumindest die Anrede und den Schluss schön zu gestalten. Tipps dafür findest du auf S. 116.

4.

Stecke den Brief in einen Umschlag.

115

3-D-Schönschrift

Du brauchst:

- Papier
- Textmarker
- Fineliner
- Lineal oder Geodreieck
- Stifte zum Ausmalen

Auch wenn deine Schrift normalerweise wie Kraut und Rüben aussieht – für Gutscheine, Geschenkanhänger oder Briefköpfe lohnt es sich, Schönschrift zu üben! Besonders toll sieht Schönschrift in 3-D aus. Das Alphabet auf der rechten Seite zeigt dir, wie sie aussehen könnte.

1.

Schreibe einen Buchstaben mit einem dicken Textmarker.

2.

Umrande den Buchstaben mit einem Fineliner.

3.

Lege das Lineal oder das Geodreieck in einem Winkel von 45 Grad von oben links an den Buchstaben. Überall, wo das Lineal auf die Ecke eines Buchstabens trifft, ziehst du eine etwa 3 mm lange Linie nach schräg oben rechts.

4.

Wenn die Linie innerhalb des Buchstabens liegen würde (hier rot eingezeichnet), lässt du sie weg.

5.

Verbinde die äußeren Enden der kurzen Linien mit dem Fineliner.

6.

Wenn du möchtest, kannst du jede Seite des Buchstabens in einer anderen Farbe kolorieren.

7.

Mit Kreisen als „Glühbirnen" auf den Buchstaben wirkt die Schrift wie ein Zirkusschild!

Stell dir vor, der fertige
3-D-Buchstabe soll aussehen wie
ein dicker Ausstechkeks – dann
ist es einfacher, die schrägen
Striche richtig zu ziehen.

ABCDEFG
HIJKLMN
OPQRST
UVWXYZ

Die 3-D-Methode funktioniert auch mit
Schreibschrift. Ziehe dafür die Buchstaben
weiter auseinander als gewöhnlich, damit genug
Platz für den 3-D-Effekt bleibt. Benutze für
die kurzen, schrägen Linien das Lineal, für die
Verbindungslinien brauchst du es nicht.

Aus einem Bild wird ein Geschenk

Du brauchst:

- eine flache, saubere Wurstpappe (frag einfach mal bei einem Imbiss nach!)
- spitze Schere oder Cutter und Schneideunterlage
- Goldfarbe, Acryl oder Plakafarbe
- Pinsel
- selbst gemaltes Bild oder Foto
- Bleistift
- Klebstoff
- dünnes Band, 10 cm lang (z. B. Nähgarn)
- Klebeband

Malst oder zeichnest du gerne Bilder? Dann hast du es gut, denn du musst nur in deinem Stapel Kunstwerke wühlen, wenn du auf der Suche nach einem superschnellen Geschenk bist. Falls dir manche Bereiche eines Bildes nicht so gelungen sind, macht das nichts: Der Rahmen hilft dir wie der Sucher einer Kamera, den schönsten Ausschnitt zu finden.

Du kannst deinen Rahmen natürlich auch in einer anderen Farbe anpinseln, aber Gold sieht besonders edel aus!

Zuerst machst du den Rahmen:

1.

Pikse mit der Scherenspitze in die Mitte der Wurstpappe.

2.

Von diesem Loch aus mit Schere oder Cutter den Boden der Wurstpappe ausschneiden. Die Ecken sollten rund bleiben.

3.

Den Rahmen golden anpinseln.

Den schönsten Ausschnitt gefunden? Prima!

4.

Trocknen lassen. In der Zwischenzeit kannst du schon mal deine gesammelten Kunstwerke nach interessanten Motiven durchforsten.

Dann stellst du das Bild fertig:

1.

Suche mit dem Rahmen nach einem passenden Bildausschnitt.

2.

Verwende die Wurstpappe als Schablone, um den Bildausschnitt zart mit dem angespitzten Bleistift zu umranden (hier rot markiert).

3.

Zeichne um den Ausschnitt herum mit etwa 1 cm Abstand einen Rahmen (hier blau markiert).

4.

Schneide das Bild am blauen Rahmen entlang aus.

5.

Bestreiche den Bildrand (also die Fläche zwischen roter und blauer Markierung) mit etwas Klebstoff und klebe dein Bild hinter den Rahmen.

6.

Nun noch ein Stückchen Faden mit Klebeband so von hinten an der oberen Kante des Rahmens befestigen, dass eine Schlaufe entsteht – fertig!

Wimpelgirlande

Du brauchst:

- bedrucktes Papier (z. B. alte Landkarten, Zeichnungen, selbst gemachtes Geschenkpapier (siehe S. 128), Magazinseiten etc.)
- kräftige Schere
- Zeitung zum Unterlegen
- Klebestift
- dünnes Band, so lang, wie deine Wimpelkette werden soll

Mit diesen bunten Wimpelgirlanden kommt garantiert Partystimmung auf. Sie sind bestens geeignet, um Geburtstagstische blitzschnell zu dekorieren, Geschenke einzuwickeln oder Überraschungsseiten in Büchern zu gestalten.

Diese Anleitung ergibt eine Girlande mit klitzekleinen Wimpeln. Du kannst sie natürlich auch größer machen, wenn du z. B. einen ganzen Raum dekorieren möchtest. Für große Wimpelgirlanden eignen sich alte Land- oder Straßenkarten, die nicht mehr gebraucht werden. Sie sind bereits im Zickzack gefaltet und sehen noch dazu sehr schön aus!

Um die Girlande zu verschenken oder zu verschicken, wickle sie einfach um ein Stück Pappe.

Und so geht's:

1.

Lege das Papier quer vor dich hin und falte die untere Kante etwa 3 cm hoch.

2.

Drehe das Papier um, sodass die gefaltete Kante dem Tisch zugewandt ist. Falte die neue Unterkante wieder 3 cm hoch.

3.

Das wiederholst du, bis das ganze Papier ein Zickzackstreifen ist. Je nach Papiergröße und Girlandenlänge brauchst du eventuell mehrere dieser Streifen.

4.

Schneide von dem Streifen lauter kleine Dreiecke ab, immer einmal schräg nach links, dann schräg nach rechts.

5.

Die meisten Dreiecke sind nun doppelt zusammengefaltet. Die behältst du, die anderen werden aussortiert.

6.

Öffne das erste kleine Dreieck, bestreiche die Rückseite mit Klebstoff und klebe es um das Band. Zeitung unterlegen!

7.

Klebe mit etwas Abstand das nächste Dreieck an das Band. So weitermachen, bis deine Wimpelgirlande die gewünschte Länge erreicht hat.

123

Und der Orden geht an ...

Hast du den besten Papa der Welt? Oder die schlauste Schwester aller Zeiten? Backt deine Oma den leckersten Kuchen weit und breit? Dann haben sie einen Orden verdient!

Du brauchst:

- Deckel von einem Schraubglas oder einer Flasche
- bunte Papierreste
- Filz- oder Lackstifte
- Schere
- Klebstoff
- Pflaster
- Sicherheitsnadel
- eventuell Heißkleber
- Geschenkband aus Stoff, 20 cm lang

Und so geht's:

1.

Den Deckel auf ein Stück buntes Papier legen und mit einem Stift umkreisen.

2.

Den Papierkreis etwas kleiner ausschneiden und die Ehrung (z. B. „Beste Mama der Welt") oder eine schöne „1" draufschreiben. Du kannst auch etwas zeichnen, z. B. ein Herz.

3.

Den Papierkreis in den Deckel kleben.

4.

Den Deckel auf ein weiteres Papier legen, einen Stern oder größeren Kreis drum herumzeichnen und ausschneiden.

5.

Deckel auf den Stern oder Kreis kleben.

6.

Mit einem Pflaster eine Sicherheitsnadel dahinterkleben. Alternativ kannst du dafür auch Heißkleber nehmen.

7.

Das Geschenkband an den Enden v-förmig einschneiden, in der Mitte falten und hinter den Orden kleben, sodass die beiden Enden herunterhängen.

Viel Spaß bei der Verleihung des Ordens!

Besonders schön sieht ein Orden mit Stoffrosette aus (auf dem Foto links). Hierfür ein 5 cm breites Geschenkband aus Stoff an einer Längsseite mit Nadel und Faden heften (siehe S. 40), den Heftfaden zusammenziehen, sodass ein Kreis entsteht, und die Fadenenden zusammenknoten. Die Rosette mit Heißkleber hinter den Deckel kleben. Für einen Deckel von 6 cm Durchmesser brauchst du etwa 50 cm Geschenkband.

Verpackung

präsentiert von Schleifia

Geschenkpapier „Buntes Wunder" ...128
Geschenke verpacken für Anfänger ..130
Sternblumen 132
Tipptopp-Tüten 134
Etiketten und Anhänger 138

Geschenkpapier „Buntes Wunder"

Du brauchst:

- Stapel Papier nach Wahl: A4 oder A3, weiß, farbig, kariert, liniert …
- einfaches Klebeband
- doppelseitiges Klebeband
- Lineal, ca. 15–20 cm lang
- eine Handvoll Filzstifte (es können auch etwas ältere mit abgenutzten Spitzen sein)
- ca. 120 cm dünnes Band (z. B. Paketband)

Fast so schön wie ein Geschenk selbst ist die Vorfreude beim Auspacken. Deshalb gehört zu einem schönen Geschenk auch eine vielversprechende Verpackung. Eine Rolle selbst gemachtes Geschenkpapier ist ebenfalls ein tolles Geschenk – auch ganz ohne Inhalt – und bestens geeignet für Menschen, die schon alles haben: Es ist nützlich, verbraucht sich nach und nach und kann daher auf keinen Fall zum Staubfänger werden!

Eine Geschenkpapierrolle herzustellen ist ein Kritzel-Vergnügen. Du brauchst dafür einen „Filzstift-Kamm", mit dem du ganz viele Linien auf einmal ziehen kannst. So bringst du in kürzester Zeit meterweise Schnörkel, Streifen, Karos, Wellen, Zickzacklinien oder was dir sonst noch so einfällt zu Papier.

128

Zuerst bastelst du die Papierrolle:

Klebe die Papierblätter mit dem einfachen Klebeband zu einer langen Bahn aneinander.

*Falls du kein doppelseitiges Klebeband hast, kannst du auch Röllchen aus normalem Klebeband machen und platt drücken.

Dann baust du den Kamm zusammen:

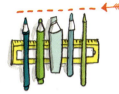

1.
Klebe einen Streifen doppelseitiges Klebeband* auf eine Seite des Lineals.

2.
Nun legst du die Stifte quer auf das Lineal. Achte darauf, dass die Spitzen sich wie in der Zeichnung zu sehen auf einer Linie befinden.

3.
Binde die Stifte mit dem Band kreuz und quer am Lineal fest. Am besten webst du mit dem Band immer hoch und runter, führst es kreuzweise über die Stifte und wickelst es dazwischen um das Lineal, so als würdest du ein Floß bauen. Die Enden gut miteinander verknoten.

Nun kritzelst du los:

Lege die Papierrolle so auf den Tisch, als wolltest du eine Tischdecke quer ausbreiten. Rolle den ersten halben Meter ab. Achte darauf, dass sich die Klebestreifen auf der Unterseite befinden. Jetzt kannst du das erste Stück bekritzeln! Wenn du damit fertig bist, rolle das Papier ein Stück weiter ab. So machst du Meter für Meter weiter. Den fertigen Teil kannst du einfach auf den Boden gleiten lassen. Wenn du die Muster abwechselst, wird das Einpacken später spannender!

Für einen einmaligen und besonders wilden Kritzelspaß klebe die Stifte einfach mit Klebeband an deinen Fingern fest!

129

Geschenke verpacken für Anfänger

Du hast keinen Schimmer vom Geschenkeverpacken? Das macht überhaupt nichts, denn mit den folgenden Tipps wird aus dir ein wahrer Verpackungsmeister mit schwarzem Geschenkband-Gürtel! Beginne am besten mit einem eckigen Geschenk, z.B. einem Buch. Ist dein Geschenk nicht eckig, dann suche dir eine Schachtel, in die es hineinpasst.

Du brauchst:

- eckiges Geschenk oder eckige Schachtel
- Geschenkpapier (wie du das selbst herstellen kannst, steht auf S. 128)
- Schere
- Klebeband

Zuerst misst du das Geschenkpapier aus:

1.

Rolle das Geschenkpapier auf einem Tisch oder dem Boden aus. Falls es sich wieder zusammenrollen will, beschwere es mit dem Klebebandabroller oder einem anderen Gegenstand.

2.

Lege dein Geschenk so an die vordere rechte Ecke, dass zur unteren und rechten Papierkante etwa eine Handbreit Platz ist.

3.

Kippe das Geschenk nun nach links – einmal, zweimal, dreimal. Schneide das Papier etwa eine Handbreit links und oben vom Geschenk entfernt ab (siehe gestrichelte Linie). Bei großen Geschenken oder Schachteln, wie etwa einem Schuhkarton, musst du am Rand mehr Papier zugeben.

Und so wird verpackt:

Hast du das Geschenkpapier richtig ausgemessen? Dann bekommst du schon mal den gelben Geschenkband-Gürtel!

1.
Lege das Geschenkpapier mit der schönen Seite nach unten auf den Tisch. Knicke die linke Papierkante etwa 2 cm nach innen um.

2.
Lege das Geschenk wieder vorne rechts auf das Papier und kippe es dreimal nach links. Halte aber dieses Mal die rechte Papierkante mit dem Geschenk fest und wickle das Geschenk so in das Papier ein. Die rechte Papierkante sollte unter der linken, umgeknickten Papierkante verschwinden.

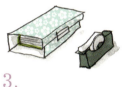

3.
Fixiere die Papierkante mit einem Stück Klebeband.

4.
Drehe das Geschenk so, dass eine offene Seite zu dir zeigt, und falte das Papier an der oberen Kante des Geschenks scharf nach unten. Links und rechts entstehen so zwei dreieckige „Flügel".

5.
Falte den linken Flügel nach rechts ...

6.
... und den rechten Flügel nach links.

7.
Knicke nun den spitzen Zipfel der unteren Seite einmal um und falte ihn so nach oben. Mit Klebeband fixieren.

8.
Drehe das Geschenk so, dass die andere offene Seite zu dir zeigt, und schließe diese Seite genauso (Schritt 4 bis 7).

Mit etwas Übung kannst du bald Geschenke in allen möglichen Formen verpacken!

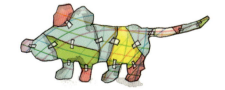

Sternblumen

Diese Sternblumen sehen nicht nur hübsch aus, sie „blühen" auch das ganze Jahr über. Die Herstellung ist fast so einfach wie Blumenpflücken: In null Komma nichts hast du einen ganzen Sternblumenstrauß zusammen und kannst damit jede Menge Geschenke verzieren – besonders hilfreich an Weihnachten oder für andere Ausnahmezustände.

Du brauchst:

- dünnes Papier, etwa halb so breit wie lang (z. B. 14 x 28 cm)
- dünnes Band oder Faden, ca. 20 cm lang
- Schere
- Klebstoff

Du kannst die Sternblumen auch aus Transparentpapier basteln und ins Fenster hängen!

Und so geht's:

1.
Lege das Papier hochkant vor dich hin, falte die untere Kante etwa 2 cm nach oben und ziehe den Knick mit dem Fingernagel scharf nach.

2.
Drehe das Papier um und falte die neue Unterkante wieder 2 cm nach oben. Knick nachziehen.

3.
So weitermachen, bis du das ganze Papier zu einem schmalen Zickzackstreifen gefaltet hast.

4.
Den Streifen in der Mitte knicken und wieder zurückfalten.

5.
Das Band dreimal um die Mitte des Streifens wickeln und fest verknoten.

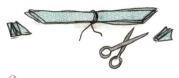

6.
Die Enden wie auf dem Bild zu sehen spitz abschneiden.

7.
Eine Seite des Streifens mit Klebstoff bestreichen, den Streifen wieder in der Mitte knicken und die beiden Seiten zusammenkleben. Kurz zusammendrücken.

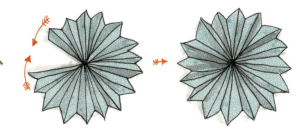

8.
Nun eine Außenseite des Streifens mit Klebstoff bestreichen, den Streifen zu einem Kreis auffächern und die beiden Enden zusammenkleben – fertig!

133

Tipptopp-Tüten

Tütenkleben geht so einfach, dass du blitzschnell alles eintüten kannst, was dir in die Quere kommt! Bei diesen Tipptopp-Tüten brauchst du nicht einmal etwas auszumessen: Die Zentimeterangaben in der Anleitung sind nur ein ungefährer Anhaltspunkt zum Üben. Wenn du den Bogen raus hast, kannst du die Größe ganz leicht nach Gefühl und Bedarf verändern – klitzeklein oder riesengroß, je nachdem, was hinein soll.

Du brauchst:

- verschiedene, etwas festere Papiere (z. B. alte Comicseiten, Landkarten, Geschenkpapier, Noten – was du so findest und nicht mehr brauchst), zum Üben im Format A4 zugeschnitten
- Klebstoff
- eventuell Etiketten

Vielleicht klebst du noch ein Etikett auf die Tüte? Tipps dafür findest du auf S. 138.

134

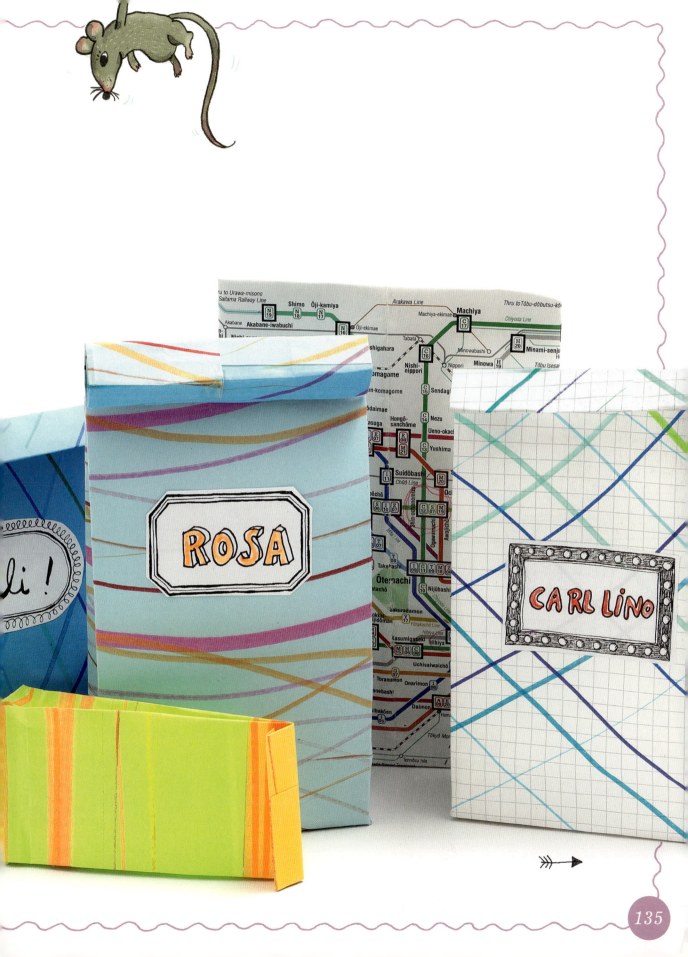

So faltest du eine Tipptopp-Tüte aus einem A4-Blatt:

1.

Lege das Papier quer vor dich hin und markiere die Mitte der Längsseite, indem du es zur Hälfte faltest und wieder aufklappst.

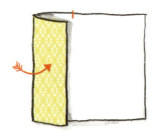

2.

Falte die linke Papierseite bis zur Mitte.

3.

Falte die rechte Seite so zur Mitte, dass sie die andere Papierkante etwa 1,5 cm überlappt. Die Kanten mit etwas Klebstoff bestreichen und zusammenkleben, sodass eine flache Papierröhre entsteht.

4.

Das untere Ende der Röhre etwa 5 cm nach oben falten, den Knick scharf nachziehen und wieder zurückfalten.

5.

Die beiden unteren Ecken schräg bis zum Knick hochfalten, die so entstehenden Knicke nachziehen und zurückfalten.

6.

Die obere Papierlage der Röhre am Querknick (siehe Schritt 4) hochklappen, dabei die Ecken links und rechts zur Mitte falten und glatt streichen.

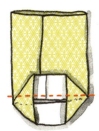 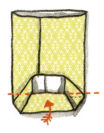 

7.

Die untere Lage Papier bis auf Höhe der roten Linie (siehe Zeichnung) nach oben falten. Jetzt ist das Innere der Tüte kaum mehr zu sehen.

8.

Die obere Lage so nach unten falten, dass die beiden Kanten überlappen. Mit etwas Klebstoff zusammenkleben.

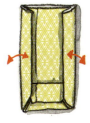  

9.

Die Seiten der Tüte wie auf der Zeichnung zu sehen nach innen falten, Knicke nachziehen und wieder auffalten.

10.

Die Tüte aufstellen und vorsichtig in Form bringen.

Etiketten und Anhänger

Du brauchst:

- Kopierer
- Kopierpapier oder Aufkleberpapier (gibt es im Copyshop)
- Textmarker und/oder Filzstifte
- Schere
- eventuell Klebestift
- festeres Kopierpapier (200 g)
- Lochzange, Locher oder dicke Nadel
- dünnes Band (z. B. Küchengarn oder Stickgarn)

Damit erst gar kein Streit darum entbrennt, für wen dein Geschenk bestimmt ist, kannst du diese hübschen Etiketten und Anhänger daran befestigen. Und du selbst kommst auch nicht durcheinander, wenn du einen ganzen Sack voll Geschenke gebastelt hast …

Lass dich von den Kopiervorlagen auf den nächsten Seiten inspirieren und entwirf deine ganz eigenen Etiketten und Anhänger!

So machst du die Etiketten:

1.

Kopiere die Vorlagen von S. 140 auf normales Kopierpapier oder auf Aufkleberpapier.

2.

Male die Rahmen der Etiketten mit den Textmarkern und Filzstiften bunt an.

3.

Schneide die Etiketten aus.

4.

Klebe die Etiketten auf. Wenn du kein Aufkleberpapier benutzt hast, nimmst du dafür einen Klebestift.

Und so machst du die Anhänger:

1.

Kopiere die Vorlagen von S. 141 auf das festere Kopierpapier.

2.

Male die Rahmen der Anhänger mit den Textmarkern und Filzstiften bunt an.

3.

Schneide die Anhänger aus.

4.

Loche den schwarzen Kreis auf den Anhängern mit einer Lochzange oder einem Locher und ziehe ein Band hindurch. Du kannst das Band auch einfach mit einer dicken Nadel durchziehen.

Inhalt

Kreativ-Alarmstufe Rot!	2
Die Geschenkekonferenz	4
Der Geschenkideenfinder	6
Der ideale Bastelarbeitsplatz	8

Pfiffige Geschenke

Talisman-Stifte	12
Lecker-Schleck-Muscheln	16
Fantastische Knetmasse	18
Superseifenblasen	20
Superseifenblasen-Zauberstäbe	22
Sparferkelchen	24
Schoko-Knusperhügel	28

Freundschaftsgeschenke

Spiralknoten-armband	32
Kuschelkissen	36
Lieblingsshirt	44
Schnörkelschrift-Wörter	48
Wichtelpost	50

Kreative Geschenke

Wichtelregal	58
Blumentopf-Kopf	64
Glücksbringer	68
Hörbuch	72
Wichtelgarten	76
Bunte Fenstergrüße	78

Praktische Geschenke

Jeanstäschchen	84
Schatzgläser	90
Salatbesteck	94
Das beste Buch	98
Beutebeutel	104

Verpackung

Geschenkpapier „Buntes Wunder"	128
Geschenke verpacken für Anfänger	130
Sternblumen	132
Tipptopp-Tüten	134
Etiketten und Anhänger	138

Schnelle Notgeschenke

Gutscheine, die nicht peinlich sind!	110
Gutschein-Bombe	112
Bezaubernde Briefe	114
Aus einem Bild wird ein Geschenk	118
Wimpelgirlande	122
Und der Orden geht an …	124

Technik

Nähschule	40
Mindmap	46
Kopieren von Vorlagen	52
Tusche und Deckweiß	62
Kordeln	88
Tri-Tra-Troddeln	89
Schnitzen	96
3-D-Schönschrift	116

143

Antje von Stemm

freut sich immer über selbst gebastelte Geschenke – praktischerweise haben ihre beiden Kinder Spaß am Basteln! Die Buchdesignerin, Illustratorin und Autorin arbeitet im Hamburger Atelier Freudenhammer. Außerdem gibt sie sehr gerne Workshops, die ganz harmlos anfangen – und in kollektiven Bastelspektakeln enden. Für ihre Bücher hat sie schon tolle Preise bekommen, zum Beispiel den Jugendliteraturpreis, den LUCHS und den WhiteRaven.

Sie hat sich dieses Buch ausgedacht und alles selbst gebastelt, gezeichnet, geschrieben und fotografiert.

Mehr unter www.antjevonstemm.de

Kerstin Schürmann

bastelt auch gerne – nicht nur mit ihren beiden Kindern, sondern auch das Layout für viele schöne Bücher. Für dieses Buch hat sie das Krawusel von Antje ordentlich aufgeräumt und nebenbei viele Geschenkideen „testgebastelt". Was sie sonst noch bastelt, kann man unter www.formlabor.de sehen.

Die Bastelanleitungen in diesem Buch sind sorgfältig erwogen und mehrfach geprüft worden. Eine Garantie oder Haftung der Autorin oder des Verlags ist ausgeschlossen.

Copyright © 2014 Gerstenberg Verlag, Hildesheim
Alle Rechte vorbehalten

Printed in Slovenia

www.gerstenberg-verlag.de

ISBN 978-3-8369-5794-6

Idee, Konzept, Text, Illustrationen und Fotos
Antje von Stemm, Hamburg

Gestaltung und Satz
Kerstin Schürmann, Hamburg

Druck
Svet Print, Ljubljana

Vermittlung durch die Agentur Susanne Koppe, Hamburg
www.auserlesen-ausgezeichnet.de